아이의 인생에 나침반이
되어줄 엄마의 소통력 공부

아이의 인생에 나침반이 되어줄

엄마의 소통력 공부

초판 1쇄 인쇄 2021년 5월 14일
초판 1쇄 발행 2021년 5월 20일

지은이 현진아

발행인 백유미 조영석

발행처 (주)라온아시아
주소 서울특별시 서초구 효령로 34길 4, 프린스효령빌딩 5F

등록 2016년 7월 5일 제 2016-000141호
전화 070-7600-8230   **팩스** 070-4754-2473

값 14,000원
ISBN 979-11-91283-46-4 (13370)

라온북은 독자 여러분의 소중한 원고를 기다리고 있습니다. (raonbook@raonasia.co.kr)

아이의 인생에 나침반이 되어줄

엄마의 소통력 공부

현진아 지음

RAON
BOOK

사회성 발달,
서툴러도 늦어도 괜찮아

사회성 발달은 나이가 들면서 저절로 익히는 것이라고 생각하지만, 아니다. 아이들은 일상생활에서 무심코 놓쳐버렸던 작은 기회에서, 무심히 지나쳤던 사소한 경험에서 사회성을 배우고 익힌다.

이 책은 내가 아이를 키우면서 놓쳤던 이런 기회의 퍼즐 조각들을 맞춰보면서 '당시 내가 이런 것을 알았더라면 그렇게 쉽게 주어진 기회들을 놓쳐버리지 않았을 텐데'라며 아쉬워했던 마음을 모은 결과물이다. 부모가 아이에게 배울 기회조차 주지 않고 그냥 흘려버렸던 소중한 순간들을 되돌아보고 여기에 나의 경험들을 짚어보면서, 군데군데 떨어져 있던 조각들을 사회성이라는 이야기 주머니에 담아낸 것이다.

생활 속에서 깨닫고 배울 수 있었던 작은 기회들을 나처럼 놓치는 부모들이 있다면, 이 책을 계기로 마음과 일상에서 주어진 모든 기회를 붙잡기를 바란다. 우리에게 주어진 순간순간의 기회와 시간들이 모여 내 아이의 발달과 사회성에 도움을 줄 것이기 때문이다. 나와 같은 양육자들이 내 글을 통해 소중한 기회를 놓치지 않기를 바란다.

나는 남편의 불편했던 언어 능력을 도와주기 위해 언어치료 공부를 시작했다. 그렇기에 여기 담긴 이야기들은 학교에서 이론으로 배운 것보다 내가 남편과 살면서 얻은 깨달음 그리고 아이를 키우면서 배우고 실제 경험했던 것을 바탕으로 쓴 것이 더 많다. 좌충우돌하며 아이들을 키웠던 나의 경험과 어린 시절 사회성이 부족해 힘들었던 내 마음을 되돌아보며 언어와 사회성의 깊은 관련성을 다시 한번 느끼고, 언어와 사회성은 함께 자라야 한다는 깨달음을 많은 사람에게 전해주고 싶었다.

사회성은 아이의 인생을 안내하는 나침반이 된다. 그렇기에 아무리 강조해도 부족하지 않다. 내 아이 사회성의 기초는 부모의 말에서부터 시작된다. 부모가 아이에게 맞는 적절한 소통 방식으로 '제대로 말할 때' 아이의 인성과 사회성은 소통이라는 단단한 뿌리의 밑거름이 된다.

말을 바꾸면 관계가 달라진다. 내 아이와 소통하는 것이 부족하다고 느낀다면 아이와 '관계'를 채우면 된다. 이때 채움의 주체자는 '부모' 혹은 '주 양육자'가 되어야 한다. 아이는 주 양육자와 애착 관계가 올바로 형성되어야 사회성을 제대로 쌓아갈 수 있다. 이 일차적인 관계가 제대로 형성되지 않는다면 아이의 사회성에는 빨간불이 켜진다.

이 책은 아이들의 사회성을 위해 부모가 해주어야 할 일을 차례로 소개한다. 아이가 처음 세상에 태어나 제일 먼저 관계를 맺는 존재가 부모 혹은 주 양육자다. 따라서 이들이 아이의 사회성에 관심을 갖지 않고 아이의 학습력 발달에만 초점을 맞춘다면 아이는 인생에서 고난의 파도를 만났을 때 이겨낼 힘이 없어 파도에 휩쓸려버릴 가능성이 높다.

부모는 아이가 힘든 파도에 휩쓸리지 않고 이를 잘 이겨내고 버텨낼 수 있는 힘을 길러줘야 한다. 소통이 바탕이 되는 사회성은 이 같은 파도를 버티고 이겨낼 수 있는 힘이 되어준다. 이 책에는 근본적인 사회성의 기초가 되는 것이 무엇인지, 어떻게 하면 내 아이로 하여금 그 힘을 기르게 할 수 있는지가 차곡차곡 정리되어 있다.

1장에서는 아이의 사회성 발달을 위한 전제 조건인 소통을 키워야 할 필요성을 강조했다. 소통을 잘하기 위해 필요한 조건과 소통이 제대로 이루어지지 않았을 때 벌어지는 일 등 여러 이야기를 담았다.

2장에서는 아이 특성에 맞는 애착 형성과 그에 따른 소통법의 중요성을 소개했다. 더불어 사회성이 자랄 수 있는 믿음의 토양인 '애착'을 단단히 형성하기 위해서 필요한 접촉의 중요성과 대인관계의 기초가 되는 칭찬의 중요성, 아이의 특성과 형제 관계에 따른 애착 형성법도 들려준다.

3장에서는 아이가 스스로 자신의 감정을 받아들이고 표현하기 위해 필요한 적절한 훈육법을 강조했다. 아이의 발달 수준에 맞는 훈육은 무엇이고 훈육할 때는 어떤 방법으로 해야 하는지 상세히 소개했다.

4장에서는 사회성을 풍부하게 만드는 양분은 감정임을 설명한 뒤 아이들이 이를 제대로 표현하고 조절할 수 있도록 부모가 마땅히 해야 할 역할을 소개한다. 아이들의 감정을 억압하고 차단하는 부모의 그릇된 태도도 더불어 짚어준다.

5장에서는 사회성을 완성하고 마무리하는 힘은 자기조절력임을 강조하며 이를 키우기 위한 조건과 방법을 제시한다. 끝으로 6장에서는 양육자와 소통이 제대로 안 된 채 10대가 되어버린 아이들의 부족한 사회성을 다잡기 위한 방법을 소개했다.

언어 이전기 아동은 몸짓과 눈빛, 신체 접촉으로 말하고 반응한다. 이 책은 표현이 서툴지만 느린 아동, 사회성이 낮은 아동뿐만 아니라 사회성이 낮은 부모들도 부족한 양분들을 채울 수 있도록 학교와 가정, 일상생활에서 쉽게 적용할 수 있는 방법을 제시했다.

예비 부모나 임신을 준비하는 부모, 이론적인 지식은 충분하나 경험적인 부분이 필요한 어린이집, 유치원과 초등학교 선생님은 물론이고 예비 언어치료사들에게도 소통의 길에서 제일 중요한 요소가 무엇인지를 경험과 이론을 바탕으로 안내해준다. 나의 경험과 배움으로 쓴 이 책이 많은 분께 소통의 문을 열어주는 열쇠가 되길 바란다.

여기저기 흩어져 있던 내 작은 기억의 경험과 배움의 퍼즐들을 맞추어 책으로 구현할 수 있도록 용기와 도움을 주신 라온북의 조영석 소장님과 라온 식구들에게 고마운 마음을 전한다.

나에게 항상 용기와 믿음을 주고 진정한 인생의 배움을 알려준 소민이와 다원이, 늘 고맙고 사랑한다. 그리고 나에게 '단 한 사람', 항상 나를 믿어주고 응원해주는 남편 오창민에게도 감사하다고 말하고 싶다. 혼자 아이를 키우면서 힘들어할 때마다 많은 도움을 주었던 동생 은지와 언제든 진심을 담아 위로해주던 친구 정애에게도 마음 깊이 고맙다는 말을 전한다.

지금 당장은 눈에 안 보일 수 있지만 부모가 제공하는 일상의 기회들이 모여 아이의 사회성은 느리지만 천천히 자라고 있음을 기억하자. 그리고 사회성을 키우고자 하는 이들을 응원하며 기다리는 것이 우리가 할 일임을 명심하자.

'사회성 발달, 서툴러도 늦어도 괜찮아!'

현진아

차 례

1장
아이의 소통력은 저절로 생기지 않는다

2장
따뜻한 애착이 소통력을 자라게 한다

1장

아이의 소통력은
저절로
생기지 않는다

"엄마, 나도
친구와 놀고 싶어요"

사회성 교육은 놀이터에서부터 시작된다

놀이터에 나가면 늘 마주치는 익숙한 장면이 있다. 바로 아이들의 최고 놀이기구인 '그네' 앞에서 벌어지는 줄 서기의 법칙!

대개의 아이들은 놀이터에 가면 제일 먼저 그네를 향해 정신없이 달려간다. 아이들에게는 그네가 놀이터에서 가장 '핫한' 놀이기구이기 때문이다. 하원하는 시각에 비슷비슷한 버스에서 내린 아이들이 우르르 그네 쪽으로 뛰어오면 그네 앞은 줄을 서려는 아이들로 붐비기 시작한다. 아이들은 뛰어온 순서대로 줄을 서서 그네 탈 순서를 기다린다.

이때 대부분의 아이들은 그네 타는 시간을 '적당히' 조절하면서 탄다. 자기 뒤에 길게 늘어선 줄을 보면서, 그네 타는 시간을 나름대로 계산하는 것이다. 그런데 아이들 가운데는 꼭 이 '법칙'에서 벗어나는 아이들이 있게 마련이다. 이런 아이들은 그네를 타려고 차례로 줄을 선 또래 친구들을 보면서도 아랑곳하지 않고 아주 오랫동안 혼자 그네에서 내려오지 않는다.

그날의 놀이터에도 그런 아이가 있었다. 그 아이는 그네에 올라가서 내려올 줄을 몰랐다. 줄을 서서 기다리던 아이들은 기다리다 지쳐가고, 잔뜩 짜증 섞인 표정으로 그네 타고 있는 아이를 바라보기 시작했다. 다리를 배배 꼬고 몸을 비틀며 혹은 벤치에서 기다리는 엄마를 향해 얼굴을 찌푸리며 혼자 그네를 점령한 아이를 무언의 눈빛으로 '고발'하기도 했다.

그때 그네 점령자의 엄마로 보이는 한 엄마가 그네 쪽으로 걸어갔다. 아이들은 물론이고 벤치에 앉아 있던 나도 그 엄마가 아이에게 이제 그만 양보하라고 말할 것이라 생각했다. 그런데 웬걸, 그 엄마는 자기 아이에게 "목마르지 않아? 물 좀 마시고 해" 하면서 물만 먹이고는 벤치로 돌아가는 것이 아닌가. 그러고는 같이 이야기를 나누던 엄마들하고 이야기 삼매경에 다시 빠져들었다. 그 엄마 눈에는 자기 아이가 혼자 그네를 오랜 시간 타고 있는 게 아무렇지도 않은 듯했다.

다른 아이들이 기다리고 있는 것을 뻔히 알면서도 자기 순서가 오면 뒤 친구들을 배려하지 않는 아이 그리고 그런 자녀를 제지하지 않고 모른 척하는 엄마. 놀이터에서는 놀이기구를 같이 타는 것이라고 가르치기는커녕 자기 아이의 이기적인 행동을 부추기는 어른들이 의외로 많다는 사실에 아쉬운 마음이 컸다. 그날 놀이터의 아이들은 한참 동안 그네를 타지 못했다.

아이가 선택할 수 있도록 유도하라

며칠 뒤에 아이들을 데리고 다시 놀이터에 나갔다. 이번에도 그네 주변은 북적거렸다. 한 남자아이가 그네를 타고 있었다. 얼마쯤 시간이 지났을 때 한 엄마가 그네 쪽으로 다가왔다.

"○○야, 이제 친구들도 타야 하니까 내려와야지?"

"싫어. 나도 한참 기다렸다 타는 거란 말이야."

"계속 탈 수는 없어. 기다리는 친구들이 많잖아. 몇 번 더 타고 내려올래? 30번 탈지 40번 탈지 네가 정해."

그 아이의 엄마는 익숙하게 아이에게 숫자를 제시했다. 그러자 아이는 잠시 생각하더니 "40번" 하고 대답했다.

그리고는 1부터 40까지 숫자를 세며 타고 난 뒤에 그네에서 내려왔다. 그네에서 내려온 아이는 아쉬워하며 엄마에게 "그네 더 타고 싶다. 더 타면 안 돼?"라고 말했다. 그러자 그 엄마는 웃으며 "안 되긴, 당연히 되지. 다시 줄 서서 차례 기다려"라고 말했다.

그 아이는 미끄럼을 몇 번 타고 오더니, 다시 그네 뒤에 줄을 서서 자기 차례를 기다렸다.

　같은 상황에서 대처하는 방법이 다른 두 엄마의 모습을 보며 앞으로 과연 두 아이의 인성과 사회성은 어떻게 달라질까 궁금했다. 살아가면서 아이가 지켜야 할 규칙을 제대로 알려주는 것이 부모의 역할이다. 아이가 상황에 맞게 제대로 행동하지 못할 때는 올바른 방법과 규칙을 정확히 알려주어야 한다. 아이에게 자기가 중심인 행동을 해도 무방하다고 가르치는 부모 또는 다른 사람을 배려하라고 가르치는 부모 밑에서 자란 아이는 어떻게 다를까? 답은 정해져 있을 것이다.

'때가 되면 저절로 생기겠지'는 착각

　아이들에게는 결정적인 시기라는 게 있다. 아이의 마음에 사회성의 싹을 틔우기 위해서는 부모가 아이에게 상황에 맞는 규칙을 알려주어야 한다. 상황에 따른 대처 방법과 규칙을 말해준다면 아이는 쉽게 사회성을 배우며 또래 집단에서 잘 지낼 수 있다. 아이의 마음과 뇌는 스펀지처럼 양육자의 태도와 말을 쉽게 흡수하며 받아들이기 때문이다.

　놀이터는 아이들이 태어나서 가장 처음 마주치는 집 밖의 사회다. 그래서 양육자는 낮은 억양의 단호하고 간결한 말로 아이에게 규칙을 알려줘야 한다. 그냥 막연하게 '아직은 어리니까 때가 되면 사회성이 저절로 생기겠지'라는 막연한 마음으로 기다리는 것은 '틀린 마음'이다.

우리 아이의 행동이 주변 사람들의 눈살을 찌푸리게 하는 것을 알면서도 '괜찮아, 우리 아이만 즐거우면 되지'라는 이기적인 생각을 한다면 그런 생각이 오롯이 아이의 마음으로 전해진다. 그 순간 아이의 마음속에 이기심의 새싹을 피우는 것이다.

놀이터는 아이에게 처음으로 공공장소의 규칙을 알려줄 수 있는 곳이다. 두 엄마의 말과 행동에서 첫 번째 아이는 지금 자신이 하는 행동이 잘못된 것임을 인지하지만 자기 엄마가 이를 전혀 지적하지 않고 넘어가는 바람에 다른 사람에게 양보해야 하는 배움의 시간을 지나쳐버렸다. 이는 아이의 잘못이 아니다. 고작 네다섯 살 아이가 당장의 욕구를 참고 친구를 배려하는 일은 힘들 수 있기 때문이다. 그래서 어른이 이를 가르쳐줘야 하는데, 정작 엄마는 물만 주고 가버렸으니 아이가 스스로 잘못된 행동임을 깨닫기는 힘들다.

부모가 가르치지 않으면 아이는 '나만 생각해도 되나 보다'를 배울 뿐이다. 이때 부모는 아이에게서 규칙과 배려심을 배울 기회를 빼앗은 셈이다.

방임과 교육의 차이

첫 번째 엄마의 방임하는 태도는 아이의 양육에 도움이 되지 않는다. 아이 또한 자기 행동의 문제점이 무엇인지 배울 수 있는 시간을 엄마의 무심한 태도로 잃어버렸다. 부모는 아이에게 차례를 기다리던 친구들의 속상한 마음을 일깨워주고 아이가 제대로 그 상황에서 행동할 수 있도록 알려줘야 한다. 아이가 자신의 행동에서 문제점을 발견하지 못하고 그냥 지나쳐버린다면 앞으로도 계속 같은 상황에서 이런 행동을 반복할 수밖에 없기 때문이다.

첫 번째 엄마의 마음속을 들여다보면, 그 엄마는 분명 그네 주변에서 기다리는 다른 아이들을 봤으면서도 내 아이의 즐거움을 먼저 생각해서 그것에만 중점을 두었을 공산이 크다. 규칙의 중요성이나 다른 친구들의 마음을 헤아리는 것의 가치를 배워주기보다는, 자기 아이의 즐거움에만 몰두했던 것이다. 그러니 아무런 말도, 제지도 없이 무심하게 벤치로 돌아가 다른 엄마들과 이야기하는 데 정신을 팔았던 것이다. 이때 이 엄마가 선택한 것은 이기심이었다.

반면 두 번째 엄마의 경우 아이의 마음을 상하게 하지 않으면서도 놀이터에서 꼭 지켜야 하는 규칙을 알려줬다. 놀이터에서 놀이기구를 탈 때는 혼자만 생각하고 행동해서는 안 된다는 규칙을 알려주어 아이가 이를 지킬 수 있는 힘을 기를 기회를 주었다. 그래서 그네를 좀 더 타고 싶다고 했을 때, 아이에게 적절한 선을 알려주고 아이가 스스로 정한 규칙을 지킬 수 있도록 안내했다. 이처럼 양육자는 아이에게 미리 선택권을 주고 결정하게 하는 것이 좋다. 아이들은 자신이 스스로 선택한 부분에서는 어떤 결과가 있더라도 그 결과를 쉽게 납득하고 받아들인다.

아이 입장에서 그네를 즐겁게 타고 있는데 갑자기 무턱대고 양보하라고만 하면 억울하게 느낄 수 있다. 따라서 부모는 놀이터에 가기 전에 미리 아이에게 놀이터에 가면 주의해야 할 사항과 놀이터 규칙에 대해 말해주는 게 좋다. 부모가 아이에게 놀이터 규칙을 알려주는 과정은 생략하고 무조건 아이에게 양보를 요구하면 안 된다.

엄마의 대처가 아이의 사회성을 결정한다

아이에게 놀이터에 관한 책을 보여주면서 위험하게 놀았을 때 일어날 수 있는 일이나 양보하지 않았을 때 서로가 불편해지는 상황 등을 사전에 이야기 나눈다면, 아이에게는 간접 경험도 되고 놀이터의 상황을 미리 머릿속에서 생각해볼 수도 있어 좋다.

부모가 아이에게 꼭 알려줘야 할 방법은 놀이터 기구는 모든 아이가 다 함께 사용하는 것이므로 혼자 독차지하고 오랜 시간 사용하면 안 된다는 점이다. 이럴 때는 아이에게 시간 제약의 필요성에 대해 알려주면 효과적이다.

예를 들어 한 아이당 5분씩 번갈아 타야 한다는 것을 규칙으로 세웠다면 그 규칙 안에서 오늘 몇 번 탈 것인지를 물어보면 된다. 이럴 경우 '일거양득(一擧兩得)' 효과가 나타난다. 아이는 자기가 직접 '몇 번 탈지'에 대한 횟수를 결정하며 자기 주도성을 기르게 되고 엄마는 아이에게 놀이터 규칙을 자연스럽게 알려줄 수 있어 도움이 된다.

사회성은 일상에서 자주 일어나는 상황에서 배우고 익히면서 시작된다. 사회성을 따로 기르기 위해 노력하기보다는 작고 사소한 일들에서 부딪치고 배우는 것들이 모두 소중한 가르침이 되는 것이다. 아이들은 놀이터에서 충분히 도덕성을 발달시킬 수 있고 양보와 배려에 대해 배울 수 있다. 놀이터야말로 일상 속에 형성된 하나의 작은 사회다.

부모의 이기심은 아이의 마음에 뿌리를 내린다

놀이터에서 내 아이를 지켜보고 있다 보면, 내 아이의 행동이 지금 문제를 일으키고 있는지 아니면 다른 아이들과 재미있게 잘 어울리고 있는지가 금세 보인다. 자기 혼자만 타겠다고 그네를 점령하고 있거나 시소를 혼자 맡아놓고 다른 아이들은 못 오게 하는 것, 미끄럼틀을 거꾸로 올라가는 행동, 자기보다 어린 동생들을 힘으로 밀치며 위협하는 것 등은 모두가 어울려 노는 놀이터의 질서를 흐트러뜨리는 대표적인 행동이자 같이 어울려 놀고 싶지 않은 아이가 되는 대표적인 행동이다.

이때 양육자가 아이의 행동에 문제가 있음을 알면서도 지금 내 아이가 즐겁게 놀면 됐지 하는 사실에만 초점을 맞추고 아무런 지도를 하지 않는다면, 아이는 제대로 된 놀이터 규칙을 배울 수 있는 기회를 영영 놓치게 된다. 엄마가 벤치에 앉아 다른 엄마들과 수다를 떨며 의미 없이 보내는 시간이 어쩌면 내 아이의 사회성과 양보심, 공감 능력을 가르쳐줄 수 있는 좋은 기회를 날려버리는 시간이 될 수 있음을 알아야 한다.

게다가 어쩌면, 나와 같이 이야기를 나누는 엄마들 중에서도 내 아이의 이기적인 행동과 이를 무신경하게 넘겨버리는 엄마의 행동에 놀라 속으로 나와 내 아이를 흉보고 있을지도 모른다는 생각을 해야 한다.

내 아이의 신체 발달과 즐거움에만 치중해서 아이의 이기적인 행동을 모른 척하는 양육자들은 자신의 이기심 때문에 아이가 다른 좋은 것들을 배울 기회를 놓치고 있다는 사실, 아이들은 매 순간 모든 상황에서 배움이 필요한데 이런 배움의 기회를 양육자가 차단하고 있다는 사실을 빨리 깨달을 필요가 있다.

'아직 어리니까 지금은 괜찮겠지', '아이가 크면 스스로 배우겠지', '어릴 때는 다 그래' 같은 생각은 착각이며 부모로서 무책임한 생각이다. 다 함께 살아가는 세상에서 이런 행동은 내 아이에게도 안 좋은 영향을 주지만 다른 아이들에게도 악영향을 끼친다. 이를테면 그네를 기다리던 아이들에게, 차례 지키기를 잘해도 그네를 탈 수 없다는 경험을 맛보게 하기 때문이다.

그네를 기다리던 아이에게 '나는 놀이터에서 배운 대로 규칙을 잘 지켰는데 그네도 못 탔네. 나도 다음부터는 혼자 오래오래 계속 타야지'라는 미운 마음이 자랄 수 있다.

부모가 아이에게 가르친 이기심은 내 아이의 마음에 뿌리를 단단히 내린다는 사실을 명심해야 한다. 아이에게 이기심의 씨앗을 심어주어서는 안 된다. 공감의 씨앗, 배려의 씨앗 그리고 같이 어울려 놀 때 더 즐겁다는 협동의 씨앗을 심어주어야 한다.

'크면 알겠지'란 없다

아이의 공감 능력 씨앗은 상대방의 마음을 생각하고 이해하며 커가는 것이다. 부모는 놀이터란 곳이 아주 즐거운 곳이지만 질서를 지키지 않으면 다른 사람을 다치게도 할 수 있는 아주 위험한 곳이 될 수도 있음을 알려줘야 한다. 자신의 놀이에만 신경쓰면 놀이터는 혼자만 이기적으로 노는 곳이 된다.

'크면 알겠지'라는 마음으로 지금 내 아이가 어울리지 못하는 현실을 합리화하지 말자. 내 아이가 다른 아이들과 어울리지 못하고 심지어 다른 아이들을 불편하고 불쾌하게 만들고 있다면 이는 명백히 부모가 가르치지 않아서임을 명심하자.

내가 이렇게 말하는 이유는 앞에서 말한 이런 이기적인 모습이 유아에게서만 보이는 현상이 아니기 때문이다. 3~4학년 초등학교 아이들 중에서도 흔히 볼 수 있는 모습이다. 이것은 무슨 의미일까? 부모의 적절한 지도가 없다면 아이가 스스로 사회성을 배우고 익히기 어렵다는 얘기다.

다른 사람의 마음을 이해하고 배려하는 마음은 아이에게서 저절로 자라나지 않는다. 아이의 사회성은 경험하고 익힌 만큼 자란다. 따라서 부모가 이기적인 마음을 심어준다면 아이는 세상 밖으로 나갔을 때 사회성을 제대로 갖추지 못해 어려움에 빠지게 된다.

사회성 그릇은 부모가 함께 채워줘야 한다

아이의 사회성이 빛을 발하는 시기는 초등학교 시기다. 어린 시절 나 아닌 다른 사람들과의 경험에서 배우고 익혔던 연습들이 모이고 모여 아이의 공감 능력은 향상되고 사회성이 피어나기 시작하는 것이다.

초등학교 교사로서 교육청, 도서관 등에서 자녀 교육의 중요성을 알리며 활발히 활동하고 있는 이화자 저자는 자신의 저서에서 장 피아제의 이론을 소개하면서 아이들의 공감 능력이나 사회성 발달은 조망수용 능력에 따라 결정된다고 말한다.

> 피아제에 의하면, 7세 이전 전 조작기 단계에서 자기 중심성을 가진 아이들은 조망수용 능력이 부족하다. 조망수용 능력이란 다른 사람의 마음, 느낌, 생각을 그 사람의 관점에서 이해하는 능력을 말한다. 조망수용 능력이 부족한 아이는 자신과 다른 상황에 있는 사람들이 보는 사물의 모습을 이해하기 힘들다. 자기를 중심에 놓고 사물을 보기 때문에 다른 사람이 어떤 생각을 하고 어떤 느낌을 가질지 관심이 없다. 2~7세까지 자기 중심성이 강하나 7세 이후에는 조망수용 능력이 발달한다고 한다.
>
> — 이화자, 《사회성이 모든 것이다》, 쌤앤파커스, 2017

사회성 그릇은 저절로 채워지는 것이 아니라 부모가 상황에 따라 적절한 지도를 했을 때 조금씩 채워지는 것이다. 부모가 적절한 지도를 하지 않는다면 아이는 사회성의 첫 단추를 잘못 끼울 수밖에 없다. 내 아이의 마음이 소중하듯이 다른 아이 마음에도 상처를 주지 말아야 한다. 아이의 사회성 첫걸음은 부모의 말과 행동이다. 아이는 부모를 보고 배운다.

대나무는 5년 동안 죽순의 모습을 하고 있다. 단단하지 않으며, 작고 느리게 큰다. 그러나 5년이 지나면 단단한 뿌리를 내린

대나무가 되어 순식간에 울창한 숲을 이룬다.

아이의 발달(인지, 신체 발달, 의사소통, 사회 정서)도 다 같이 조화를 이루며 뿌리를 내릴 때 소통도 대인관계도 모두 원활하고 울창한 숲을 형성하게 될 것이다.

소통 잘하는 아이가
사회성도 좋다

"아이 착해라"라고 반응했던 아이

KBS2의 간판 예능 프로그램 〈슈퍼맨이 돌아왔다〉에서 인상 깊은 장면을 본 적이 있다. 가수 장윤정과 아나운서 도경완의 가족이 출연했는데, 두 사람의 딸 하영이(당시 3세)가 아빠와 고구마를 먹는 장면이 나왔다.

하영이가 고구마를 들고 있는데 도경완이 딸을 쳐다보며 "아빠 한 입 먹어도 돼?"라며 입을 크게 벌리고 다가왔다. 그러자 하영이는 고구마를 든 손을 슬며시 뒤로 빼며 고민하는 모습을 보였다. 잠시 눈을 굴리며 생각에 잠긴 하영이에게 도경완은 "조금만 먹을게"라고 제안한다. 그러자 하영이가 '조금'이란 말에 고구마를 내밀었다. 그러나 도경완은 조금 전 말한 '조금'이라는 약속과 달리 너무도 크게 고구마를 베어 먹고 만다. '조금'이라는 아빠 말을 믿고 고구마를 내밀었던 하영이는 아빠를 원망스럽게 쳐다보며 실망한 눈빛이 가득했다.

보통 하영이 발달 시기의 아이들일 경우 울거나 짜증을 내며 "아빠 미워"라는 말로 반응할 거라고 생각했다. 하지만 그다음 하영이의 말은 예상 밖이었다. 하영이의 행동은 완전히 내 예상을 뒤엎었다.

하영이가 잠시 망설이더니 아빠를 쳐다보며 "맛있어?"라고 물어왔던 것이다. 이에 아이의 표정을 눈치 챈 도경완이 당황한 표정을 지으며 선뜻 대답하지 못하자 하영이는 "아이 착해라"라고 말했다.

그 말을 듣고 도경완은 큰 웃음을 터트렸다. 알고 봤더니 이 말은, 평소 도경완이 하영이에게 자주 사용했던 말이었다. 평소 하영이가 음식을 맛있게 잘 먹었을 때 아이에게 해주었던 말인 것이다. 하영이는 아빠가 맛있게 잘 먹는 상황에서 자기가 들었던 것처럼 똑같이 표현하고 있었다.

아이는 표현하는 대로 큰다

나는 도경완이 아나운서라는 직업상 아이에게 사랑의 말을 많이 표현해주었음을 짐작할 수 있었지만, 내가 더 크게 느꼈던 것은 '하영이가 따라 한 아빠의 말'이었다. 도경완이 고구마를 베어 먹었을 때 그것을 본 하영이의 표정은 굳어지고 있었다. 그것으로 보아 "미워", "하지 마", "안 돼" 등으로 훨씬 강하게 반응하는 것도 가능했을 것이다.

그러나 하영이는 아빠에 대한 믿음과 사랑이 큰아이로 보였다. 그래서 자신이 좋아하는 고구마를 빼앗아 먹는 아빠의 행동이 이해가 안 되고 미우면서도 한편으로는 아빠를 이해하려는 모습을 보였던 것이다. 그래서 자신의 속상한 마음은 잠시 접어두고 평소 자신이 음식을 잘 먹었을 때 아빠가 해주었던 말을 떠올리며 이번에는 반대로 아빠에게 그 말을 직접 해주었던 것이다.

나는 이 장면을 보고 아이에게 하는 부모의 말과 태도의 중요성을 다시 한번 느꼈다. 그리고 세상에 태어나 처음 부모와 관계를 맺으며 충분한 감정적 지지와 격려를 받는 것이 얼마나 중요한지도 다시 한번 깨달았다. 이런 지지와 격려를 바탕으로 아이는 넓은 세상으로 나갔을 때 타인과의 관계에서 상황에 따라 알맞은 관계의 지도를 그려나갈 힘을 얻는 것이다.

소통은 관계의 시작이다

아이는 부모와 주고받는 소통 속에서 관계의 꽃을 피우기 시작한다. 가정은 아이가 사회성을 배우는 최초의 사회다. 아이는 부모와 일상 속에서 소통하는 과정을 통해 사회성을 발달시킨다. 부모와 평소에 긍정적인 소통을 많이 한 아이는 또래와의 어울림에서도 큰 어려움이 없다. 이 아이는 미리 충분히 일상생활 속에서 부모와 형제, 자매들과 소통하면서 충분한 경험을 쌓았기 때문이다.

이때 부모는 아이의 의견을 무조건 수용하기보다는 아이 자신과 다른 사람들의 의견이 다를 수 있음을 충분히 알려주어야 한다. 앞으로 아이가 가정의 울타리를 벗어나 더 큰 사회에서 경험할 때 일어날 수 있는 여러 가지 다양한 일들을 충분히 경험시켜주고 알려주어야 한다. 그래야 아이도 울타리를 벗어났을 때 자신과 맞지 않는 상황에서도 타인을 배려하고 이해하려고 노력할 수 있다. 아이가 가정에서 먼저 배워야 할 것은 사람과 사람의 관계는 상호적이라는 사실이다. 부모와 관계가 좋은 아이들은 평소에 긍정적인 언어를 많이 듣고 자란다. 이런 아이들은 긍정적인 언어를 더 많이 배우고 익힐 수밖에 없다.

도경완은 이런 소통을 아주 잘하는 사람이다. 아빠가 평소에 아이에게 애정 섞인 말과 행동으로 소통을 자주 한 덕에, 하영이는 약속과 달리 고구마를 반 이상 넘게 먹은 아빠였지만 아빠를 이해하려고 노력하는 긍정적인 반응을 보여줄 수 있었다. 이를 통해 부모가 아이에게 하는 긍정적인 언어와 사랑의 언어가 가진 힘이 아주 강하다는 걸 알 수 있다.

부모의 직접적인 언어 표현은 아이의 표현력을 변화시킨다

부모의 말에 따라 가르침의 방향이 달라진다. 다른 사람의 마음을 읽을 수 있는 힘을 길러주기 위해 부모는 평소 아이의 말과 행동을 제대로 읽어주려고 노력해야 한다. 아이는 감정을 표현하는 일에 서툴 수밖에 없다. 그러기에 더더욱 부모는 아이의 감정을 나타내주는 말을 직접적인 언어로 표현해주어야 한다.

만일 하영이처럼 부모의 행동 때문에 당황하거나 속상한 표정을 짓는 모습을 본다면 부모는 지금 아이가 화가 난 상태이며 속상한 마음임을 짐작하고는 아이의 마음을 그대로 읽어주어야 한다. 그러고는 "아빠가 많이 빼앗아 먹어서 속상했구나", "너도 많이 먹고 싶었을 텐데, 아빠한테 양보해줘서 고마워"라고 말해주면 더 좋다. 부모는 부모의 마음으로 아이의 마음을 미리 판단하지 말아야 한다. 부모가 아이의 마음을 바라보고 읽어주려 할 때 둘 사이의 관계는 더 단단하고 깊어질 수 있다.

내 눈에 하영이 부녀의 일화는 아빠 도경완이 '내가 이렇게 했을 때 하영이가 과연 양보해줄까?'라는 생각에서 시도한 일종의 장난 같았다. 하영이처럼 자기주장이 강해지고 고집이 생기기 시작하는 나이에, 아버지로서 아이의 반응을 보고 싶은 마음이 살짝 들었던 건 아닐까?

세상을 배우고 있는 아이들이 세상을 제대로 알기도 전부터 무리한 양보를 강요받는 것은 좋지 않다. 그러나 이들 부녀처럼 평소 믿음과 애정을 쌓고 지냈다면 아이들은 예상하지 못했던 순간에도 자기 감정을 조절할 수 있게 된다.

사회성 도화지의 색칠 방법은 달라질 수 있다

아이의 사회성 도화지는 다른 사람들을 이해하고 배려하면서 원만한 관계를 맺을 때 제대로 색을 칠할 수 있다. 부모가 아이의 정서적인 표현에 민감하게 반응하고 말로 잘 표현해준다면 아이가 표현할 수 있는 색깔은 훨씬 다양하게 나타난다. 부모가 일상생활에서 하는 모든 표현은 아이의 삶을 여러 가지 색으로 표현할 수 있도록 도와준다. 아이는 부모의 양육 태도에 따라 여러 가지 색깔을 배우고 다양한 방법으로 소통의 색을 칠하기 때문이다.

색을 칠하는 방식은 아이에 따라 다르다. 한두 가지 소통의 색으로 표현하는 아이가 있는 반면 여러 가지 다양한 색깔로 호기심을 채우며 소통을 채우는 아이도 있다. 부모는 아이들이 처음 태어났을 때 가지고 온 하얀 도화지에 다양한 소통의 색을 채울 수 있도록 아이에게 맞는 표현법과 말로, 감정과 태도를 표현하는 법을 알려주어야 한다.

부모의 말과 행동은
아이의 처음을 결정짓는다

아이의 첫 사회성은 "빠이빠이"에서 시작된다

아이는 보는 대로 듣는 대로 따라 한다. 따라서 부모가 본보기를 보여주는 것은 아이에게 너무나 자연스러운 가르침이 된다. 예를 들어 남편이 출근할 때 언제나 다정하게 "다녀와요", "수고해요"라며 인사를 하는 엄마를 보고 자란 아이는 다른 놀이를 하다가도 자연스럽게 아빠를 향해 "빠이빠이"라며 잘 다녀오라고 인사를 할 것이다. 날마다 인사를 건네는 것을 보고 자랐기 때문에 아빠가 나갈 때 손을 흔들거나 아빠가 들어올 때 웃으며 반갑다는 표현을 하는 것이다.

반면, 아빠의 출퇴근에 무관심한 엄마를 보고 자란 아이라면 아이 역시 아빠의 출근에 크게 관심을 보이지 않을 것이다. 엄마의 무관심한 모습을 보며 자란 탓에 아직 아빠의 자리를 크게 느끼지 못하는 것이다. 이런 아이들에게 아빠의 존재는 미미할 뿐이다. 엄마가 인사하지 않으니, 아이도 자연스럽게 아빠에게 인사할 이유도, 필요성도 느끼지 못한다.

아이에게 받는 출퇴근길의 인사 하나로 아빠와 아이의 관계는 크게 달라질 수 있기에 출퇴근 인사는 매우 중요하다. 게다가 아빠는 아이가 처음으로 엄마 이외의 존재와 관계를 맺는 첫 번째 대상이기도 하다. 이는 주 양육자와 나머지 가족 관계에서도 그대로 적용된다(주 양육자가 엄마나 아빠가 아닐 경우에는 출퇴근하는 엄마나 아빠가 그 대상이 될 수도 있다).

엄마는 아이에게 아빠와의 관계를 맺어주는 것으로 첫 사회성의 첫걸음을 떼게 할 수 있다. 그다음에 형제, 자매 그리고 친인척, 선생님, 친구들로 사회적인 관계 맺기를 확장하는 것이다. 표현이 서툰 아이, 아직 말을 제대로 못하는 아이들도 아는 사람이 지나갈 때 손을 흔들어 "빠이빠이" 같은 인사를 할 수 있다. 언어적인 표현이 없을 뿐이지 손을 흔드는 행동은 어디까지나 인사하는 의도를 가지고 표현하는 것이다. 이후 표현 언어가 발달하면 아이는 비로소 "안녕"이라는 말로 표현할 수 있게 된다.

부모의 본보기가 필요하다

언어적이든 비언어적이든 아이들은 의도를 가지고 표현을 시작하면서 다른 사람과의 관계를 형성한다. 처음에는 주 양육자와만 접촉하다가 양육자 이외의 사람에게도 반가움을 표현하며 관계를 확장시켜나간다.

이때 양육자가 할 일은 아이에게 인사를 강요하지 않고 자연스럽게 보고 배울 수 있도록 좋은 본보기가 되어야 한다. 아이는 양육자의 행동을 보고 고개를 밑으로 끄덕이는 행동, 손을 흔드는 행동, 제스처나 말 등 다양한 방법으로 소통을 시도할 것이고, 이때 아이가 하는 것은 인사라는 목적을 가진 행동이다.

타인과 관계 맺기에서 제일 중요한 첫 번째 행동을 자기도 모르는 사이에 배우는 것이다. 이런 본보기가 쌓여 아이는 세상과 소통하는 방법을 배우게 된다. 사람들과 교류를 통해 나누는 이런 상호적인 행위는 아이가 나중에 가정의 울타리를 벗어나 사람들과 만나고 소통을 시작할 때 관계 맺기를 할 수 있는 힘의 밑바탕이 되어준다. 그렇기 때문에 양육자가 몸소 보여주는 인사하기는 어린아이들에게 매우 중요하다.

만일 가정에서부터 이를 가볍게 생각하고 넘기는 경향이 있다면 이 부분은 하루 빨리 고치도록 해야 한다. 엄마가 아빠에게 또는 아빠가 엄마에게 기본적인 인사조차 제대로 안 하고 넘어가는 것을 보고 자란다면 아이도 이를 똑같이 가볍게 여기며 클 것이다. 부모의 인사하기를 가볍게 여겨서는 안 된다.

'고맙습니다'와 '미안합니다'의 힘

아이는 말을 이해하기 전부터 부모의 태도를 보면서 배운다. 정확한 단어의 의미는 모르지만, 아이는 뭔가를 받을 때 "고맙습니다"라고 고개를 끄덕이며 소통한다. 아이는 부모가 자주 사용하는 말들을 배우고 익힌다. 부모로부터 자연스럽게 "고마워, 미안해"란 말을 많이 듣고 자란다면 아이도 다른 사람 혹은 배우자, 자녀에게도 그 말을 사용하기에 어려움을 느끼지 않는다.

어른 중에서도 자신의 잘못을 인정하지 않고 나이를 운운하며 자기 고집만 내세우는 사람들이 있다. 이들은 "고맙다, 미안하다"라는 말에 매우 인색하다. 이들은 대부분 어린 시절에 "고맙습니다", "미안합니다" 같은 인정의 언어를 배울 기회가 없었을뿐더러 자신의 잘못을 인정하려는 마음을 가져본 적도 없었기 때문이다. 이들은 자신이 쉽게 인정을 해버리면 뭔가 진 듯한 느낌이 들어 상대를 더 강하게 부정하고 자신의 논리만을 내세우곤 한다.

하지만 인정하지 못하는 그들의 마음은 오히려 세상을 살아가는 데 방해물이 될 뿐이다. 현명한 이들은 타인과 관계 맺기를 할 때 다른 사람의 조언까지도 잘 듣고 받아들일 줄 안다. 어린 시절부터 아이가 자연스럽게 "고맙습니다", "미안합니다"를 배우고 익힌다면 아이는 이 말을 꺼내는 데 크게 어려움을 느끼지 않을 수 있다. 또한 자신의 잘못을 인정하고 사과할 줄 아는 태도도 덤으로 배울 수 있다.

나이가 들어도 자신의 잘못을 인정하지 못하고 고마움을 표현하지 못하는 사람은 공감 능력이 부족한 사람이다. 나 역시 예전에는 "고맙습니다", "미안합니다"라는 표현을 하기가 힘들었다. 다른 사람의 조언을 듣고도 공감하기보다는 나의 모습을 지적하는 것 같아 쉽게 받아들이지 못했고 고맙다란 말을 진심으로 전하기보다는 그냥 인사치레로 하는 데 급급했다.

그런데 아이들을 키우면서 이런 내 모습이 잘못되었음을 알게 되었고, 무엇보다 내 아이들이 이런 나를 보며 자란다면 아이들 또한 내가 겪었던 대인관계에서의 힘듦을 반복하게 될 것 같아 마음을 고쳐먹기로 다짐했다.

처음에는 쉽지 않았다. 나의 공감 능력의 부족으로 사람들과의 관계에서 힘들었던 모습들을 돌아보면서 이를 익히고 배우려 했지만 제대로 안 되었다. 그래서 감사와 미안함을 연습하고 또 연습했다. 처음에는 "고맙습니다", "감사합니다"라는 표현이 낯설었지만 반복하고 받아들이면 받아들일수록 그 말에 익숙해지기 시작했다. 그러고는 내 마음의 상처들을 받아들이면서 점차 사람들에게 표현하는 것이 어렵지 않게 되었다. '인정 언어의 힘'

을 다시금 느낄 수 있었다.

지금껏 표현하지 못했다면 지금이라도

부모가 표현하지 못하고 그냥 지나쳐버린다면 내 아이에게 나쁜 습관을 물려주는 셈이다. 표현은 눈인사나 고개 끄덕임 같은 비언어적인 것으로도 충분히 가능하다. 눈빛만 보아도 알 수 있다고 했던가? 눈으로도 충분히 마음을 나타낼 수 있다.

표현에서 중요한 것은 스스로 어떤 마음을 가지고 하느냐다. 그리고 제때 표현해야 할 때 표현할 줄 아는 방법이다. 이때 나이는 중요한 요인이 아니다. 지금껏 아무런 문제 없이 살았는데 어떻게 바꾸냐고, 그냥 생긴 대로 살겠다고 하는 부모들도 많다. 하지만 지금까지 그렇게 살아왔다고 앞으로도 그렇게 살아야 할 이유는 없다. 하루, 한 시간, 일 분, 일 초가 아까운 세상이다. 소중한 인생의 시간을 그런 모습으로 잃어버리지 않길 바란다.

자신은 긍정적인 삶을 살지 않으면서 자녀에게나 다른 사람들에게만 긍정적인 삶을 바라는 것은 너무 큰 욕심이다. 부모의 표현 방식과 행동은 아이에게 힘든 삶을 물려줄 수도 있다.

아이들은 좋은 장난감을 사주고 좋은 옷을 입혀주는 등 물질적인 보상만으로 성장하지 않는다. 정신적인 보상이 아이들의 성장에 더 큰 영향을 준다. 아이는 매일 부모의 말과 행동을 보며 느끼고 배운다 그러니 아이에게 상처주지 않도록 노력해야한다. 부모라는 역할은 결코 쉽지 않다.

아이에게 억지로 "고맙습니다", "미안합니다"라고 말하기를 강요하지 말자. 강요가 아닌 아이 스스로 마음에서 깨닫고 표현할수 있을 때 아이의 예절의 뿌리는 자라는 것이다. 어린 시절부터 반복된 생활 속에 배우고 익힌 행동들은 억지로 하는 게 아니라몸에 자연스럽게 밴 것이기에 자연스럽게 행동으로 즉각 나타날수 있다. 남을 배려할 줄 아는 아이는 다른 사람에 대한 감수성이 풍부하고 감정이입을 잘한다. 가정에서 배운 예절과 존중의가르침으로 살아간다면 아이는 인생을 살아가는 데 큰 힘을 얻을 수 있을 것이다. 부모가 자연스럽게 본보기로 보여줄 때 아이는 배우고 익힌다는 것을 기억하자.

부모만 아이와 애착관계를 맺는 게 아니다

요즘은 직장맘이든 전업맘이든 아이가 4세 정도 되면 어린이집에 보낸다. 아이는 주 양육자 이외에도 조부모, 친척, 어린이집 교사, 학원 선생님 등 주변 사람들과도 애착 관계를 맺을 수있고 신뢰감을 쌓을 수 있다. 이를 '복합 애착'이라고 한다.

이때 부모의 단 한마디가 아이의 복합 애착 관계를 원활히 만들기도 하고 엉망으로 꼬이게 만들기도 한다. 전자라면 아무런 문제가 없지만, 후자의 경우라면 큰 문제다. 부모의 잘못된 말 한마디가 아이들로 하여금 주변 어른들을 불신하게 만들 수 있기 때문이다. 부모가 이 관계를 망치는 대표적인 행동은 아이 앞에서 이들에 대해 안 좋은 이야기를 하는 것이다.

특히 유치원이나 어린이집 교사, 학원 선생님 등에 대해 안 좋은 이야기들을 하면 아이에게는 그 말들이 가슴에 크게 남는다. 아이들은 스스로 판단하고 생각할 수 있는 힘이 없기 때문이다. 게다가 주 양육자를 절대적으로 따르는 아이들이 이런 안 좋은 말을 듣게 된다면 마음에 불신의 씨앗만이 자라게 된다.

〈2세 영아의 어머니와 보육교사에 대한 복합 애착과 사회, 정서적 행동〉(신지연, 서울여자대학교 아동학과 박사학위논문, 2004)에 따르면 영아 발달에는 어머니의 안정 애착 또는 교사의 안정 애착 중 어느 한쪽의 안정 애착만 있어도 상호 보완적인 역할을 충분히 할 수 있다고 한다.

아이들에게 교사는 큰 나무다. 그런 교사를 부모가 존중하는 모습을 보여줄 때 아이들은 교사를 믿고 따르게 된다. 아이 앞에서 교사를 나무라거나 안 좋은 얘기를 한다면 아이는 교사를 믿지 못하게 되고, 믿지 못하는 마음은 교사가 가르치는 모든 것에 대한 불신으로 이어질 수 있다. 선생님이 내준 과제도, 선생님이 가르쳐준 규칙이나 이야기도 아이들은 제대로 따르지 않게 된다. 게다가 교사와 많은 시간을 함께 보내면서도 건강하고 안정된 애착을 형성할 수 없게 된다. 이는 총체적으로 아이에 대한 나쁜 결과로 돌아올 수밖에 없다.

만약 부모가 교사에게 부족한 부분이 있다고 생각한다면 아이가 안 보는 곳에서 교사와 직접 소통하고 해결하는 게 좋다. 부모에게 교사를 존중해주는 마음이 있을 때 아이도 선생님과의 관계를 더 깊게 맺을 수 있다. 엄마만이 아이와 애착 관계를 이루는 것은 아니다. 교사로 인해 불 지펴진 작은 불신의 힘은 어쩌면 아이의 부모에게까지 영향을 미치고 더 나아가 모든 인간관계에서 신뢰를 잃어버리게 하는 계기로 작용할 수 있다.

열심히 하는 교사들에게 불신의 눈초리를 주어서는 안 된다. 부모가 던진 교사에 대한 작은 비난의 조약돌이 아이의 마음 호수에서 파동을 일으키는 원인이 될 수 있다. 그리고 이는 언젠가 부모에게도 불신의 부메랑으로 돌아오게 된다는 사실을 명심해야 할 것이다.

연령이 아닌 발달 시기별로
아이를 파악하자

어느 날 둘째 아이가 건네준 책 한 권

"엄마, 선생님이 이 책 추천해주셔서 아빠가 사줬는데 엄마도 꼭 읽어봐요."

어느 날 둘째 딸이 《완벽한 아이 팔아요》(미카엘 에스코피에 지음, 박선주 옮김, 길벗스쿨, 2017)라는 책을 건네며 나에게 한 말이다. 나는 아이가 준 책을 넘겨받고 읽어본 뒤 '그동안 나는 완벽한 부모였나?'를 되새기며 반성하게 되었다. 책의 내용은 이렇다.

어느 화창한 날, 뒤프레 부부는 아이를 사러 대형마트에 갔다. 대형마트에서는 다양한 나이와 성향을 가진 아이 모델들을 팔고 있었는데, 뒤프레 부부는 그중 인기 모델인 '완벽한 아이'를 샀다. 그렇게 완벽한 아이 바티스트는 뒤프레 부부의 가족이 되었다. 바티스트는 밥투정도 안 했으며, 얌전하게 혼자 잘 놀았고 잠도 일찍 잤다. 예의도 발랐고 학교에서도 모든 과목을 잘했다. 완벽한 아이는 어떤 상황에서도 '완벽'했다.

그런데 어느 날 바티스트는 부모의 실수로 축제가 아닌 날 축제 의상을 입고 학교에 갔다가 친구들에게 웃음거리가 되어버렸다. 화가 난 바티스트는 집에 돌아온 후 축제 의상을 벗어 던지며 부부에게 화를 냈다. 아이의 갑작스러운 버릇없는 행동을 보며 깜짝 놀란 뒤프레 부부는 아이를 데리고 급히 고객센터를 방문한다. 고객센터 직원은 아이를 맡기면 수리 기간이 길어지는데 괜찮겠냐고 부부에게 물어본다. 그런데 그때 바티스트가 고객센터 직원에게 이렇게 질문한다.

"저에게도 완벽한 부모님을 찾아주실 수 있나요?"

아이의 당찬 질문에 고객센터 직원은 "완벽한 부모라고? 참 엉뚱한 생각이구나"라고 웃으면서 이야기는 끝난다.

마지막 장면에서 아이가 한 말은 이 책의 큰 반전이었다. 아이가 화내는 모습을 보고 실망한 부부가 아이를 수리하러 갔다가 오히려 아이로부터 일침을 당하기 때문이다. 짧은 내용이었지만 이 책을 읽고 많은 생각을 했다. 그러고는 곧 이런 궁금증이 일었다. '내 아이는 왜 이 책을 내게 가져다준 것일까?'

배움의 기회를 빼앗는 부모들

밥투정하지 않고 깨끗하게 먹는 아이, 얌전하게 혼자서 잘 노는 아이, 일찍 자는 아이, 예의 바른 아이, 공부 잘하는 아이, 투정 부리지 않는 아이, 어떤 상황에서도 완벽한 아이. 대개의 부모는 이 책의 주인공 부부처럼 완벽한 아이를 바란다.

나 또한 그랬다. 언어치료를 공부하면서 육아에 많은 도움을 받았지만 반대로 아이의 언어 발달에 대해 자세히 공부하다 보니 제 시기에 맞는 언어가 발달하지 못했을 때 다른 엄마들보다 훨씬 걱정을 많이 하게 되었다. 이런 내 마음은 아이에게 고스란히 전해졌고, 때로는 아이에게 과한 자극을 주며 스트레스를 주기도 했던 것 같다. 더군다나 둘째는 임신성 고혈압으로 예정일보다 조금 일찍 태어났다. 그래서 아이의 모든 발달에 더 예민하게 굴고, 나 스스로 지나치게 발달 상황을 계속 점검했다.

뒤돌아보니 그런 모습들이 아이에게 스트레스와 부담감을 준 것이었다. 아이 발음이 부정확하다고 느낄 때면 틀렸다고 지적하거나 나무라지는 않았지만, 정확한 발음을 반복해서 아이에게 가르쳤던 것도 사실이다. 나의 불안이 아이에게 온전히 전해진 것 같아 너무 미안하다. 느긋하게 기다려주지도, 아이를 그냥 놔두지도 못한 나의 태도가 여전히 미안하고 민망하다.

조금 더 아이를 기다려줘도 괜찮았는데 아이가 예정일보다 좀 일찍 태어났고, 약하게 태어났던 요인들이 언제나 내 머릿속에 박혀서 걱정이 떠나지 않았다.

되돌아보면 나 자신이 어린 시절 의존성이 강한 아이였기에 나의 나약함을 아이들에게 물려주고 싶지 않았던 마음이 크게 작용한 탓이었다. 나 자신의 의존적인 모습을 탈피하기까지 꽤 많은 시간이 걸렸고 그동안 받았던 상처들을 생각하며 내 아이들에게는 이런 나약함을 물려주고 싶지 않은 마음이 내 조급함을 키웠던 것이다. 내 아이만큼은 절대로 의존적으로 키우지 않겠다는 나의 육아 철학을 내세우느라, 정작 내 아이가 힘들어하는 모습은 보지 못했다.

부모가 아이의 손발을 자처한 결과

나는 첫째 아이의 경우, 아이가 주도적으로 혼자 하고 혼자서 일어설 수 있도록 더 강하게 키우려고 했다. 하지만 둘째에게는 나의 육아 철학을 지키기보다는 보다 매 순간 합리화하는 방식을 선택했고, 그 결과 내 육아 철학도 아이의 주도성도 모두 뒤죽박죽이 되었다.

둘째 아이가 혼자서 옷 입을 시간을 주지 않았고, 옷을 혼자 고르게 하는 시도도 하지 않았다. 오히려 그 시간에 아이가 더 잠자기를 바라면서 자는 동안 옷을 그냥 내가 입혀주기도 했다. 둘째 아이에게는 '조금 더 시간을 줘도 된다'고 합리화하며 생활 속

모든 순간에 개입해 대신 해결해버렸다. 그 결과 아이는 생활에서 부딪치는 모든 상황에서 연습하고 배워야 할 기회를 놓쳐버렸다. 엄마의 무지가 빚어낸 결과였다.

그렇게 둘째 아이는 점점 의존적인 아이로 자라고 있었다. 그때의 내 행동을 반성하며 후회하고 보니 이제는 아이가 혼자서 잘할 수 있는 나이임에도 불구하고 스스로 안 하려고 하는 모습이 보였다. 혼자 할 수 있는 일이 거의 없는 아이가 되어 있었던 것이다. 혹여나 부모의 개입으로 아이가 배움의 기회를 놓치지는 않았는지 되돌아보기를 바란다. 그리고 나처럼 과거에 얽매여 현재의 기회를 놓치는 부모가 없기를 바란다.

아이는 혼자 연습하는 동안 수없이 많은 시행착오를 겪으며 배운다. 그럴 때 부모는 아이의 행동을 지켜보고 안내해주면 된다. 아이가 할 수 있는 것은 아이가 할 수 있도록 기회를 제공하고 아이가 일상에서 배우는 것들을 하나하나 쌓아 올려 더 큰 성장으로 한 발 내디딜 수 있도록 기다려주면 된다.

저마다 자신에게 맞는 발달 시기가 있다

내가 우리 둘째에게 그토록 마음을 쓰고 안달복달했던 것은 아이의 발달 시기를 기다리지 않고 혼자 재촉했기 때문이다. 아이들은 정해진 순서에 따라 똑같이 발달하지 않는다. 연령에 따라 모든 아이가 똑같은 수순을 밟지는 않는다는 것이다. 나는 그것을 알면서도 모른 체했다. 어느덧 언어치료 학문을 더 깊이 공부하고 아이를 키운 지 10년이란 시간이 넘게 흘렀다.

이론적인 배움도 중요했지만, 나는 실제 아이를 육아하면서 더 많은 것을 배울 수 있었다. 두 아이는 언어 발달이 달랐다. 한 아이는 읽기가 빨랐던 반면 쓰기는 느렸고 다른 아이는 읽기보다 쓰기에 더 관심을 나타내기도 했다. 발달은 개인의 성향에 따라 격차가 있다. 아이가 평균 발달보다 6개월 이상 격차가 발생한다면 전문기관에 가서 검사받는 것을 권하지만 2~3개월 정도의 차이라면 미리 불안해하지 않아도 된다.

어린아이는 말이 아닌 행동, 눈 맞춤, 접촉 등으로도 충분히 소통이 가능하다. 나는 이론적으로는 이해했지만 가슴으로는 받아들이지 못하고 아이를 편안하게 해주지 못했다. 그런 모습이 아이에게는 오히려 스트레스가 되고 해가 되었다.

우리나라 아이들은 만 6세가 될 때까지 무료로 건강검진을 받을 수 있다. 검진을 통해 아이의 성장 발달 과정을 미리 검사하고 확인할 수 있다. 따라서 양육자들은 시기별로 영유아 검진만 잘 받아도 아이가 잘 자라고 있는지 확인이 가능하고 질병과 발달 지연을 조기 체크할 수 있다. 발달 체크는 신체, 인지, 의사소통, 사회, 정서 등 모든 면을 체크하도록 되어 있다.

발달 검사에서 맨 먼저 할 일은 주 양육자가 문진표를 작성하는 것이다. 일상생활 속에서 아이의 모습을 살펴보며 문진표를 작성하면 된다. 문진표를 작성할 때 주의할 점은 주 양육자가 사실을 바탕으로 기록해야 한다는 것이다. 그래야 더 정확한 검사 결과를 도출할 수 있다. 그런데 의외로 이런 기본적인 원칙을 지키지 않는 양육자들이 있다. 이런 엄마들은 검사를 받기 전에 아이에게 단기간 문진표를 위한 '연습'을 시키기도 한다. 당연히 정확한 검사 결과를 도출하기 어렵다.

주 양육자는 정확한 검사로 아이의 부족한 부분을 채울 수 있는 소중한 시간을 놓치지 말아야 한다. 가령 아이의 행동을 부모가 선뜻 이해하기 어려울 때가 있다. 그리고 부모의 눈에는 아이의 다른 행동 패턴이 포착되지 않을 수도 있다. 부모는 객관적인 시각을 가지기가 힘들기 때문이다.

영유아 검진 및 발달 체크 문진표는 이런 부분을 충분히 채워준다. 그래서 부모에게 아이의 부족한 부분을 채워주도록 알려주는 역할을 한다. 성실하고 정확한 체크만이 아이의 균형 잡힌 발달을 도와줄 수 있음을 부모들은 잊지 말아야 할 것이다.

부족한 그릇은 채우면 된다

인터넷은 정보가 홍수처럼 넘쳐나는 공간이다. 전문가라면 이 정보의 바다에서 중요하고 핵심적인 정보를 찾는 방법을 알겠지만 대부분의 사람들은 그렇지 않다. 따라서 인터넷에 떠도는 근거 없는 숱한 정보에 현혹되지 말아야 한다.

부모가 미리 걱정하고 불안해하며 추측하는 일도 하지 말아야 한다. 오히려 나의 불안이 점점 아이의 행동과 연결되어 색안경을 끼고 아이를 바라보게 만들 수도 있다. 정말 불안하고 걱정되는 상황이라면 해당 전문가를 찾아가는 것이 좋다.

아이의 특성에 따라 알맞은 방법으로 접근해야 한다. 다른 사람의 접근 방식은 내 아이에게는 충분히 안 맞을 수 있다. 부모가 내 아이의 행동을 이해하고 배울 때 내 아이에게 맞는 방법으로 대응해줄 수 있는 요령이 생긴다. 조기 진단은 아이에게 부족한 부분을 더 빨리 채워줄 수 있도록 해주며 조기 중재를 해줄 수 있는 소중한 시간을 가져다준다. 그러니 아이의 부족한 부분을 조금이라도 알게 되면 그 순간을 놓치지 말아야 한다.

아이는 부모의 기대와 기다림 속에서 같이 자란다. 이때 부모가 아이의 부정적인 행동을 이해하지 못하고 같이 부정적인 언어로 상처를 준다면 부모와 아이의 관계는 틀어진다. 아이는 스스로 감정을 조절하고 싶어도 마음대로 안 되고 부모는 부정적인 언어만 늘어놓을 확률이 커지기 때문이다. 그러다보면 결국엔 아이의 자존감이 더 낮아질 수밖에 없다.

아이에 대해 명확히 이해할 수 없다는 불안감이 든다면 혼자 추측하며 인터넷에 물어보지 말고 직접 전문가를 찾아가서 정확한 답변을 듣고 해결점을 찾기 바란다. 그 편이 부모와 아이 둘 모두에게 좋다. 불안함으로 소중한 시간을 흘려보내지 말고 아이에게 부족한 부분을 발견했을 때는 채우면 된다는 생각으로 접근하자.

어른도 아이도 완벽할 수는 없다

타이어에 바람이 빠진 걸 알면서도 방치하고 내버려둔다면 운전 중 갑자기 펑크가 날 수도 있다. 부모가 아이의 전 영역의 발달을 가볍게 생각하고 지나쳐버린다면 아이가 배워야 하는 적절한 시기를 놓쳐버릴 수 있다. 따라서 무조건 아이의 발달 시기를 고려하지 않고 연령에 따라 지도하는 것은 적절하지 못하다.

부모가 아이의 현재 발달 수준에 맞는 적절한 자극으로 지도하고 아이에게 많은 기회를 제공해줄 때 아이는 작은 성공을 경험하며 더 큰 도전을 향해 나아갈 힘을 얻을 수 있다. 완벽한 부모가 없듯이 완벽한 아이도 없다. 아이의 발달 뿌리는 부모가 애정과 믿음의 토양에서 바라봐주고 기다려줄 때 힘차게 뻗어갈 수 있다.

미리 불안감과 걱정에 휩싸이기보다는 아이의 부족한 부분을 알고 이를 천천히 채워가자는 마음가짐으로 다가가길 바란다. 아이의 발달은 한 방향이고 그 방향은 상승하는 곡선이다.

2장

따뜻한 애착이
소통력을
자라게 한다

따뜻한 접촉은
표현의 뿌리

접촉은 단순히 닿는 것을 의미하지 않는다

애착은 아이가 세상을 살아가는 힘의 뿌리다. 그리고 이 뿌리는 단단한 믿음의 토양에서 자라난다. 애착이 제대로 형성된 아이들은 고난과 역경의 시기를 잘 헤쳐나갈 수 있다. 아이가 힘든 세상을 이겨내려면 아이의 마음 저장고에 버틸 에너지가 가득 차 있어야 하기 때문이다. 애착과 믿음은 이런 에너지가 되어준다.

아이가 부모나 조부모 아니면 다른 기관에서 양육의 도움을 받고 있더라도 주 양육자와 애착 형성이 제대로 된 아이들은 세상을 겁내지 않고 세상에 화내지 않고, 세상과 잘 소통하며 다른 사람들과 어울릴 수 있다.

따뜻한 표현의 뿌리가 되어주는 애착 형성을 위해서 부모는 일상생활 속에서 아이에게 풍부한 접촉을 경험하게 해주어야 한다. 이때의 접촉이란 반드시 피부의 상호 접촉을 통해서만 이루어지는 것이 아니다. 부모의 부드러운 목소리, 다정한 미소, 아이를 향한 따뜻한 눈빛까지도 모두 따뜻한 접촉에 포함된다.

어린아이들은 외부 환경의 자극만으로 정보를 받아들인다. 눈으로 보고, 귀로 듣고, 코로 맡고, 입으로 맛보고, 손으로 만지는 등 오감으로 아이는 엄마의 애정을 느낄 수 있다. 예를 들면 아이를 안아준다고 했을 때 '안아준다'에 무게를 두고 무조건 아이를 안아준다고 아이와 엄마의 애착이 커지는 것이 아니다. 아이를 안아줄 때 부모가 어떻게 안아주는지가 더 중요하다.

그저 안아주는 행위만으로는 애착이 형성되지 않는다. 이를테면 말로는 "이리 와"라고 말하면서도 아이를 붙잡는 팔의 힘이 세고 또 잡아끄는 행위가 거칠다면 아이는 혼란스러워한다. 부모가 말은 "괜찮아, 다 이해해"라고 하면서 정작 무표정하고 목소리가 차갑다면 아이는 전혀 괜찮지 않다. 이런 접촉은 아이를 불편하고 두렵게 만들 뿐이다.

아이는 양육자와 함께하는 일상의 자연스러운 경험 안에서 삶의 많은 요령을 배우고 익히며 발달을 향상시킬 수 있다. 부모 품에 안겨 얼굴을 쳐다보며 시선을 맞추면서 신체 언어를 읽는 방법을 배우고 또 이를 발전시킨다. 만일 부모가 아이의 신체 언어를 보고 민감하게 반응해주지 않거나 모른 척한다면 아기들은 매우 혼란스러워한다.

예를 들어 아기가 불편할 때 발버둥을 치거나 발길질하는 경우, 부모가 이런 몸짓을 이해하고 상황에 맞게 반응해준다면 아이의 신체 언어 표현에 대한 응답이 될 수 있는 것이다.

부모와 아이에게 형성된 애착은 상호작용을 기반으로 소통의 밑바탕이 된다. 이는 아이가 의사소통의 기술을 확장시키고 더 나아가 사회의 한 구성원으로서 대인관계를 맺기 위해 필요한 사회적 상호작용에도 도움이 된다. 접촉이라고 다 같은 접촉이 아니다. 똑똑하고 민첩하되 아이가 원하는 반응을 해주는 상호작용, 이것이 따뜻한 접촉이자 아동의 사회성 발달에 근간이 되는 성공적인 접촉이다.

일상 속 경험과 표현이 아이에게 주는 영향

어린아이는 자신의 표현(울음, 제스처, 말)을 읽고 반응하는 양육자의 반복되는 모습을 보면서 자신감을 얻고 더 호응하게 된다. 자신의 욕구가 충족될 수 있다는 경험을 하며 생긴 믿음은 아이가 평생의 행복을 위해 갖추어야 할 가장 중요한 요소다.

매일 반복되는 생활 속에서 아이는 부모와 애착을 쌓을 기회가 많다. 이때 주 양육자는 어린아이의 표현에 민감하게 반응해야 한다. 기저귀를 갈 때도 부모가 적절한 응답과 표현을 해준다면 아이는 세상과 빨리 소통하는 법을 배울 수 있다.

예를 들어 부모가 기저귀를 갈아주며 "우리 아기, 쉬 많이 했는지 볼까? 바지 벗고 축축한 기저귀도 벗자", "아이~ 시원하지?" 하는 식으로 말을 걸며 아이에게 표현의 기회를 제공해주면 아이는 말로 표현하지 못하더라도 신체의 움직임, 웃음, 옹알이 등의 반응으로 답할 수 있다. 아이의 반응을 살피고 그에 적절하게 "뽀송뽀송해서 기분이 좋아?"라고 표현해주고 아이의 반응을 기다려주면 된다.

그런가 하면 아이에게 기저귀를 갈아주면서 엄마가 아이와 재미있게 상호작용 놀이를 할 수도 있다. 일례로 엄마가 아이에게 새 기저귀를 만져보게 하거나 기저귀를 건네주는 놀이도 가능하다. 아이의 기저귀를 갈아주기 전에 "이제 ○○가 준 새 기저귀로 갈아볼까? 엉덩이 들어볼까?" 하면서 아기의 엉덩이를 들고 "짠!" 하는 소리를 내도 좋고 아기의 엉덩이를 들고 잠시 양쪽으로 움직이며 춤추듯 시간을 보내도 좋다.

기저귀 사이로 까꿍 놀이 하기, 기저귀로 부채를 부쳐 바람을 느끼게 해주기, 기저귀를 갈 때 아이 배에 입을 대고 '푸르르' 방귀 소리를 내는 등 아이가 보고, 듣고, 진동으로 촉감을 느끼게 하면 좋은 접촉이 된다. 이처럼 엄마와 아이가 상호작용하며 접촉하는 방법은 매우 다양하다.

낯선 세상에서 안정감을 찾아가는 방법

애착의 출발은 따뜻한 접촉이고 애착이 잘 형성된 아이들은 타인과의 관계에서도 어려움을 느끼지 않는다. 사랑을 받아본 사람이 다른 사람에게도 사랑을 줄 수 있는 힘이 생기는 것이다. 이는 친구 관계, 학교생활, 연인 관계, 부부관계에까지 영향을 미친다.

어린아이들은 자신의 감정을 말로 소통하는 것에 어려움을 느낀다. 부모가 아이에게 전해주는 따뜻한 접촉은 피부로 전해져 그대로 아이의 뇌에 전달된다. 그래서 피부를 제2의 두뇌라고도 말한다. 엄마의 자궁 '안'에서 생활하다 외부 환경인 '밖'을 경험하며 낯설고 불안함을 느끼는 아기들에게 엄마의 따뜻하고 포근한 애착 양육은 심리적인 안정감을 충분히 전달해줄 수 있다.

심리적 안정감은 아이가 낯선 세상을 마음껏 탐험하고 탐색할 수 있는 힘을 길러준다. 자신을 믿어주고 응원해주는 단 한 사람이라도 있다면 아이는 어려움을 극복할 힘을 얻고 세상을 향해 나아갈 수 있다. 애착 양육으로 자란 아이들이 자존감이 높고 독립적이며 인정 많은 아이로 자랄 수 있는 힘이 여기에서 나온다.

아이와 가능하면 많이 접촉하고 많이 말하고 많이 부딪치자. 그러면 아이는 주변 다른 사람들과도 믿음과 신뢰를 쌓으며 원활한 애착 관계를 형성할 수 있는 멋진 어른으로 자랄 것이다.

칭찬은 대인관계를 맺는
기술의 기초

안정감과 믿음을 배운 아이의 대인관계

아이는 자신과 가장 가까운 관계에 있는 부모에게 신뢰감과 안정감을 느끼며 애착을 형성한다. 예를 들어 부모와 애착이 잘 형성된 아이는 다른 사람과 상호작용하는 관계에서도 편안함을 쉽게 느낀다. 그리고 아이는 상대방을 통해 무엇이든 배우고 익히고 싶다는 의지를 가질 수도 있다.

부모에게서 안정감과 믿음을 형성한 아이는 다른 사람과 관계를 맺을 기운을 얻는다. 부모와 쌓은 1차적인 관계가 타인과 소통하는 편안한 기술의 기초공사가 되어주기 때문이다. 반면 부모에게 칭찬과 믿음을 받지 못한 아이는 자신을 못 믿거나 반대로 자신은 믿지만 다른 사람을 믿지 못하고 혹은 둘 다를 믿지 못하게 된다. 어려서부터 부모와 안정적인 애착을 형성하지 못했기에 다른 사람을 믿는 기초공사가 되어 있지 못한 탓이다.

이때 칭찬은 나와 다른 사람에 대한 신뢰와 능력을 나타내고 그에 대한 확신까지 형성시켜주는 매우 중요한 역할을 한다. 똑같은 칭찬을 받더라도 애착을 형성한 사람들과 아닌 사람들이 나타내는 형태 또한 결과가 다르게 나타난다. 애착을 형성한 사람들은 남들의 칭찬을 그대로 받아들이지만, 애착을 형성하지 못한 사람들은 칭찬을 있는 그대로 받아들이지 못하고 칭찬의 긍정적인 의도를 100퍼센트 믿지 못한다. 후자는 칭찬을 제대로 받지 못하는 마음과 더불어 자신이 남들에게 칭찬하는 것에도 인색한 모습을 보인다.

사랑을 받아봤던 경험을 가진 아이가 다른 사람에게도 제대로 사랑을 줄 수 있다. 칭찬을 받은 경험이 많은 아이가 다른 사람을 칭찬해줄 수 있는 것과 같은 이치다.

신생아에게도 칭찬은 필요하다

어린아이에게 칭찬은 곧 '관심'이다. 칭찬은 비언어적 방법으로도 얼마든지 가능하다. 아이를 바라보며 따뜻한 미소를 짓고 아기의 요구에 곧바로 반응해주는 것이다. 여기서 '따뜻한 미소'와 '아기의 요구에 반응하는 것'이 곧 '부모가 아이에게 하는 칭찬'의 일종이다. 자신을 향해 미소 짓고 자신의 욕구에 바로 반응해주는 '엄마의 관심'에서 아이는 애착을 듬뿍 느낄 수 있다.

예를 들어 아기들은 기저귀를 갈아주면 기분이 좋아져 환하게 웃곤 한다. 생후 3개월만 되더라도 '기쁨', '슬픔', '놀람', '분노' 등 자신의 감정을 표정으로 나타내는 것이 가능한 덕이다. 이처럼 아기는 자신에게 중요한 사람과의 상호작용을 통해 '애착의 틀'을 형성한다. 부모가 아이에게 가지는 관심이 곧 아이가 애착 형성을 할 수 있는 재료가 되는 것이다.

반면 어떤 부모는 "자꾸 아이를 안아주면 손탄다"라고 말한다. 아이를 자주 안아주면 버릇이 나빠진다는 이야기를 하는 사람도 있다. 또 아이의 울음을 애써 무시해야 한다거나 아이가 울더라도 독하게 마음먹고 안아주지 말아야 한다고 조언하는 사람도 있다. 언뜻 그런가 싶을 수도 있지만 이것은 잘못된 태도다. 무엇보다 명심할 것은, 아기에게는 울음소리가 곧 '말'이기 때문이다.

아기들은 언어적인 표현을 쓰며 소통하기가 불가능하다. 자기 뜻을 알릴 유일한 방법이 울음이기 때문에 울음으로 양육자에게 소통했지만, 양육자가 이런 아이의 소통을 무시하고 무반응으로 대응한다면 아이는 믿음의 싹보다 세상에 대한 불신의 싹이 먼저 돋아난다.

아이가 이와 같은 상황을 여러 번 반복하면 좌절감을 알게 된다. 그리고 더는 양육자에게 반응하지 않는다. 즉, 이것은 아기가 울음으로 소통하는 것을 포기하겠다는 말과 같다. 따라서 이 결과를 보고 부모가 아기의 울음을 멈추게 했다고, 나쁜 습관을 고쳤다고 기뻐하면 안 된다. 양육자가 아이의 우는 습관을 고치고야 말겠다는 의지를 품었다면 그 성과를 거둔 것은 분명하지만, 이 과정에서 아이에게서 뿌리 뽑힌 것은 우는 습관과 더불어 엄마와 소통하려 애쓰지 않는다는 점이다. 비언어적으로 소통하는 아이가 울기를 포기한다면, 바로 엄마와의 소통의 창을 닫는다는 것과 다름없기 때문이다.

순한 아이는 순하지 않을 수 있다

부모는 아이가 어릴 때 아이에 대해 제대로 파악하기 쉽지 않다. 어른들은 대개 순한 아기를 볼 때마다 이런 아이라면 둘도 셋도 더 키울 수 있겠다고 호언장담하곤 한다. 하지만 아이 중에서는 태어나면서부터 기질이 순한 아이가 있는 반면 꼭 그렇지 않은 경우도 있다. 그래서 양육자는 아이가 너무 오래 자거나 배고프다는 반응을 잘 하지 않는 경우, 배변 활동 반응이 부족할 경우에는 더 잘 살펴주고 적절하게 아이에게 오감을 자극해주는 것이 좋다.

어떤 부모는 아이가 반응하기 전에 미리 예정된 시간에 우유를 먹이고 기저귀를 교체해주면서 아이가 부모에게 반응을 표현할 기회를 빼앗아버리기도 한다. 이럴 때 아이는 부모가 미리 알아서 다 해주기 때문에 반응할 필요가 없어진다. 그 결과 아이의 반응 자극이 다른 아이에 비해 낮아진다. 이런 일을 방지하기 위해 아이가 반응할 수 있는 적정 시간을 기다려주는 게 좋다.

울음은 아이가 자기 의사를 표현하는 최고의 방법이다. 따라서 자주 울지 않고 잠을 많이 자며 표현이 약한 아이를 마냥 순하고 편하다고 단정 짓는 일은 금물이다. 아이의 기질 탓이 아니라 다른 원인이 있을 수도 있기 때문이다.

만일 아이를 유모차에 태우고 바깥에 나갔는데도 아이가 별다른 반응 없이 누워만 있다면 그 아이를 마냥 순하고 편한 아이라고만 생각하지는 말아야 한다. 그럴수록 부모는 아이에게 더 많이 자극을 주고 반응의 기회를 제공해주어야 한다. 엄마와 아이의 상호작용이 길어질수록 소통할 기회가 더 많아진다.

순한 기질의 아이가 아니라도 부모는 더 많은 자극을 주고 더 많이 반응의 기회를 제공해주면서 아이와 상호작용할 기회를 놓치지 말아야 한다. 수유를 하고 기저귀를 갈아주고 잠을 재우면서도 부모는 아이와 충분히 많은 상호작용을 할 수 있다.

아이의 울음과 소통의 관계

육아는 매우 힘든 일이다. 하루 종일 아이에게 시달리다 보면 엄마는 매우 지치고 진이 빠진다. 그러나 아이 또한 낯선 세상에 적응하고 알아가느라 마찬가지로 고군분투 중이다. 정말 현명한 엄마라면 비록 힘은 들지언정 아이의 표현(울음)에 기꺼이 반응해주려고 할 것이다.

어린 시절 부모의 반응에 신뢰감을 느낀 아이는 성인이 되어서도 부모와 소통하는 것에 어려움을 느끼지 않는다. 애착이 형성된 아이는 어떤 말이든 부모에게 표현하고 미리 부모의 반응을 예측하고 불안해하지 않기 때문이다. 즉 아이는 부모에게 단단한 믿음이 있기에, 어떤 어려운 주제라도 내가 잘 이야기하면 부모가 무조건 거부하지는 않을 거라는 확신이 있다. 어떤 말이라도 부모와 소통하는 것에 어려움을 느끼지 않는다.

하지만 부모와 애착이 덜 형성된 아이의 경우에는 부모와 원활히 소통할 수 있는 자신감이 없으므로 부모와의 대화에서 두려움과 회피하는 모습 등을 보인다. 따라서 아이는 어린 시절부터 부모와 많은 의견을 주고받으며 애착을 쌓아야 한다. 이것이 앞으로 아이가 더 큰 사회로 나아갈 때 밑거름이 되는 것이다.

거듭 말하지만 아이의 울음은 결코 나쁜 행동이 아니다. 어린 시절 아이가 부모에게 소통할 수 있는 유일한 도구일 뿐이다. 아기의 울음에는 다양한 의미가 있다. 예를 들면 배고플 때, 졸릴 때, 짜증 날 때, 화가 날 때, 정말 작은 차이지만 울음의 억양과 강도에 따라 울음의 의미가 다르다.

아이가 표현하는 소통의 도구를 나쁜 습관이라고 단정 짓기보다는 '우리 아이가 잘 자라고 있구나'라고 긍정적으로 생각해주면 된다. 이때 부모가 할 일은 아이가 크면서 제대로 표현할 수 있도록 적절하게 반응해주고 다양한 표현법을 알려주는 일이다. 이렇게 꾸준히 상호작용해준다면 아이는 울음이 아닌 다른 방법으로도 표현할 수 있는 기술을 익힐 수 있다.

아이는 자기에게 필요한 것, 부족한 것을 채워주는 부모를 보고 자라며 자신의 부모가 믿음직스러운 사람이라고 느끼고 깨닫는다. 이 시기에 쌓은 양육자와 아이의 신뢰는 아이가 대인관계를 맺는 시기에 가장 기초적인 요소로 작용한다.

아이의 약점보다 강점에 집중하자

부모가 아이의 대인관계를 위해 해줄 수 있는 또 다른 한 가지는 아이의 약점보다 강점에 집중하는 일이다. 그래야만 아이의 동기부여를 자극할 수 있다. 아이는 자신이 수행할 수 없는 일이라고 생각하거나 그 일이 어려울 것 같다고 생각하면 끝까지 해내야겠다는 마음을 먹기 힘들어한다.

이때 부모는 아이의 강점을 가지고 아이 마음을 공략해야 한다. 아이의 부족한 능력을 키워주고 싶은 마음에 약점을 채우려는 데에만 집중한다면 아이는 자신이 흥미를 가지고 있는 것에 집중하지 못할 수도 있다. 아이가 못하는 것을 잘하게 하는 데에 관심을 두지 말고 아이가 흥미를 느끼고 잘하는 분야에 더 관심을 가지고 집중해야 하는 이유가 여기에 있다.

잘하는 것을 할 때 아이는 인내심을 가지고 오랜 시간 집중하기 쉬워진다. 이때 아이는 하나씩 반복하며 성취감을 쌓는 경험을 하게 된다. 그리고 이런 성취감들이 모이면서 아이의 자존감 에너지를 충전한다. 이런 자존감들은 아이가 잘 못하는 부분에까지 도전해볼 수 있는 용기를 채워준다. 어렵고 힘들지만 '그래도 한번 도전해볼까?' 하는 마음이 생기면 아이는 인내심을 가지고 끝까지 완주해볼 마음을 먹을 수 있다.

부모는 아이가 잘 못하는 것에 불안한 마음을 갖거나 걱정만 하지 말고 천천히 나아갈 수 있도록 믿음의 힘을 주고 기다릴 필요가 있다. 아이의 부족한 점을 끌어올리기에는 많은 시간과 훈련이 소모된다. 그러나 부모가 아이의 약점을 보완하기 위한 주문만 걸고 있다면 이는 아이의 강점 에너지까지 막는 일이 될 수 있다.

부모가 해야 할 일은 아이가 강점에 집중하며 작은 성취감이라도 경험할 수 있도록 기회를 주고 기다려주는 일이다. 그래야 다른 것에도 도전할 수 있는 용기가 생길 수 있다. 아이가 좋아하고 흥미로워하는 것을 할 때 부모가 이를 인정하고 격려하면서 믿고 기다려야 한다. 그러면 아이는 강점 분야에서 반복적으로 경험했던 성취와 실패를 통해 쉽게 좌절하지 않고 다시 일어설 수 있는 힘을 얻을 수 있다.

아이가 가진 특성에 맞게
소통하자

부모가 알려주는 감정 단어

아이가 자신의 기분을 적절하게 표현하는 방법을 배우기 위해서는 부모가 일상생활에서 아이에게 일어난 일을 상황에 맞는 적절한 감정 단어로 표현해주어야 한다. 자기가 경험한 상황과 부모가 적절하게 표현해주는 정서 단어를 동시에 들으면, 아이는 더 쉽고 효과적으로 이들 단어를 배우고 익힐 수 있다.

예를 들어 첫째 아이가 만든 블록을 동생이 망가뜨렸을 때 엄마가 해야 할 일은 동생 때문에 망가진 블록을 보면서 속상해할 아이의 마음을 헤아려주는 일이다. "동생이 블록을 망가뜨려서 어떡하니? 많이 속상하겠구나"라고 먼저 감정을 읽어주어야 한다.

그 후에는 "동생에게 화가 많이 나겠네"라며 아이의 감정을 단어로 정확히 말해주어야 한다. 그러지 않으면 자신의 감정을 잘 표현하지 못하는 아이는 더 쉬운 방법인 행동으로 표현하게 된다. 예를 들어 소리를 지르거나 물건을 던지거나 동생을 때릴 수도 있다. 이때 부모가 감정 단어를 사용해서 아이의 마음을 읽어주고 표현해준다면 아이에게 큰 도움이 된다.

만일 부모가 마음 헤아려주기를 먼저 하지 않고 아이의 문제행동에만 초점을 두어 부정적인 감정으로 반응한다면 아이는 자신의 마음을 제대로 표현할 수 있는 감정 단어를 배울 수 있는 기회를 놓쳐버린다. 그러면 아이는 앞으로도 지금과 비슷한 감정이 나타날 때 말로 적절하게 감정을 표현하기보다는 또다시 문제행동으로 표현하려 할 것이다.

따라서 부모는 아이에게 지금 상황에서 자신의 마음을 표현해줄 수 있는 적절한 감정 단어를 알려주어야 한다. 하나는 동생이 블록을 망가뜨려 '속상하다'라는 마음이고 또 다른 하나는 그래서 '화가 난다'라는 마음이다. 아이가 배운 '속상하다', '화가 난다'라는 감정 단어는 아이가 직접 경험하고 배운 단어이기 때문에 일상생활에서 더 빨리 쉽게 익히고 일반화할 수 있다. 이론적으로도 경험을 통해 배운 단어가 단어 카드 등 학습을 통해 배운 단어보다 더 빨리 쉽게 습득하고 사용할 수 있다고 한다.

이렇듯 생활 속에서 부모가 아이에게 하나씩 알려주는 감정 단어들이 모이면 자신의 감정을 잘 나타낼 수 있는 아이로 자랄 수 있다. 그렇기에 아이에게 최고로 좋은 언어 선생님은 아이와 제일 오랜 시간을 생활하는 주 양육자가 된다.

자신의 마음을 제대로 표현할 줄 모르는 아이

부모는 아이가 세상에 태어나서 처음 관계를 맺는 사람이며 일상에서 자연스럽게 배움의 기회를 제공해주는 사람이다. 또 아이에게 부족한 부분은 채워주고 뾰족한 부분은 다듬어줄 수 있는 유일한 사람이다. 아이가 부모와 관계 맺는 기술을 배울 때 부족한 부분이 나타나더라도 부모는 이를 충분히 감싸주고 눈감아주며 기다려줄 수 있다. 하지만 부모와 관계 맺기 기술이 끝나고 부모의 울타리를 벗어나 사회(기관, 학교, 사회)로 나갔을 때는 이야기가 달라진다.

이때 관계 맺기의 기술이 잘못 형성된 아이들은 타인과 사회적 상호작용을 하면서 큰 어려움을 겪을 수 있다. 따라서 부모가 아이에게 상황에 따른 적절한 표현 방법들로 넓은 세상에서 타인과 사회적 상호작용을 할 때 필요한 기술들을 익히게 도와주어야 한다.

또래보다 감정 표현 언어가 서투른 아이가 있을 수 있다. 이는 아이의 성향에 따라서도 나타날 수 있고, 아이의 특성에 따라서도 나타날 수 있다.

만약 감정 표현이 자유롭지 못하고 서툰 아이라면 미리부터 너무 걱정하며 불안해할 필요는 없다. 이런 아이는 감정 단어를 말로 표현하기 어려울 뿐이지 감정 자체를 표현하지 못하는 아이는 아니기 때문이다. 아이들은 감정을 표현할 때 언어를 사용하지 않고도 충분히 비언어적인 표현 방법(짜증, 분노, 몸짓)으로 자신의 기분을 나타내고 있을 것이다. 아이들은 저마다 자신만의 소통 방법으로 부모나 친구에게 자기 감정을 표현하려 시도하기 때문이다. 단지 부모나 다른 사람이 아이의 소통 방법을 이해하기에 따라서 반응이 달라지는 것일 뿐이다.

자신의 마음을 감정 언어로 표현하지 못하는 아이라면 부모는 아이의 이런 특성에 주의해야 한다. 아이가 부정적인 정서 반응을 보이며 문제행동을 표현할 때 그 행동에만 초점을 맞추고 부모 역시 부정적인 반응을 나타내서 표현하면 안 된다. 감정을 표현하는 아이의 미숙함을 이해해주고 그 안에 숨은 아이의 진짜 감정을 살펴보도록 노력해야 한다.

여기에서 부모가 해야 할 일은 지금 아이 모습에서 나타난 감정을 보고 파악한 후 아이에게 차분하게 이에 해당하는 감정을 단어로 표현해주며 아이의 감정을 읽어주는 일이다. 이렇게 한다면 아이는 지금 자신이 느끼는 감정을 단어로 표현하는 법을 배우게 될 테고, 이후에는 비슷한 감정이 생길 때 문제행동으로 대처하기보다는 적절한 감정 단어를 찾아 말로 표현할 수 있는 아이로 자랄 수 있다.

내 아이에게 감정 단어 가르치기

부모가 아이에게 처음 감정 단어를 알려줄 때는 아이가 경험했던 일을 바탕으로 쉽고 재미있게 알려주어야 한다. 일상 경험을 통해 알려주고 싶다면 아이의 사진이나 가족사진 등을 이용하면 도움이 된다. 여기에 아이가 좋아하는 만화 캐릭터를 이용해 아이와 이야기를 나누어도 도움이 된다.

일단 미리 다양한 감정(기쁨, 슬픔, 화, 무서움)을 표현할 감정 스티커를 준비해놓는다. 그런 다음 아이와 사진을 보며 이야기를 나누거나 인물 표정에 알맞게 감정 스티커 붙이기 놀이를 할 수도 있다. 아이는 활동을 하는 동안 감정 단어에 대해 배우며 시각적(사진) 자극과 청각적(엄마의 목소리) 자극을 받는다. 더불어 손으로 스티커를 붙이며 소근육 운동도 가능하다.

아이는 놀이 활동이라고 생각할 수 있지만 엄마는 아이에게 알맞은 감정 단어도 알려주고 시청각 자극과 소근육 운동까지 놀이를 통하여 할 수 있기에 아이 인지능력에도 도움을 줄 수 있다.

사진첩을 이용한 감정 표현 놀이

이를 구체적인 활동으로 이어가는 첫 번째 방법으로 가족의 사진첩을 이용하는 놀이가 있다. 아이나 가족 사진 가운데 기분(기쁨, 슬픔, 화남, 두려움 등)이 드러난 표정이 담긴 사진을 많이 준비한다.

엄마는 아이와 함께 한 가지 감정이 드러난 사진을 고르고 그 사진에 알맞은 스티커를 붙인다. 이때도 표정이 그려진 스티커를 사용하는 것이 좋다. 엄마가 웃는 얼굴 사진을 골라 그 위에 스마일 스티커를 붙이면 아이도 사진첩에 나타난 표정들을 보면서 웃는 얼굴을 찾아 스마일 스티커를 붙이는 것이다.

이때 부모가 먼저 사진첩을 가져와서 아이에게 같이 보자고 제안한다면 아이가 흥미를 보이지 않을 수 있다. 그러니 서둘러 강요하지 말고 부모가 먼저 스티커를 몇 개 붙여놓고는 아이 눈에 잘 띄는 공간에 사진첩을 놓아두자. 오다가다 아이가 사진첩을 열어보고 스스로 관심을 보이면 쉽게 놀이에 참여할 수 있다. 아이들은 스스로 직접 선택했을 때 더 흥미를 가지고 관심을 느끼기 때문이다.

아이가 직접 사진첩을 발견하고 선택하여 가지고 올 때까지 부모는 잠자코 기다려준다. 그리고 아이가 사진첩을 발견하고 가져온다며 크게 웃으며 "우와~ 이건 뭐지?", "우리 가족 사진이네", "한번 같이 볼까?", "어디서 가지고 왔어?", "정말 재미있겠다"라면서 기대된다는 표정과 말투로 아이에게 반응을 보이면 아이의 흥미를 더 자극할 수 있다.

그런 다음 아이와 함께 사진첩을 보고 아이의 표정을 가리키며 "이때 네 기분은 어떤 것 같아?"라고 물어보면서 감정 스티커의 표정 중에서 아이가 자연스럽게 한 가지 표정을 고르게 유도한다.

"이 표정 가운데 ○○랑 표정이 같은 스티커는 어디 있을까?"

엄마는 이렇게 물어보고 아이를 기다려준다. 아이가 여러 감정 스티커 중에서 한 가지 표정을 고르면 엄마는 아이가 고른 스티커의 감정을 입으로 말해주며 사진첩에 붙이도록 유도한다.

이때 아이가 표정과 어울리는 스티커를 고르지 못할 수도 있다. 그럴 때는 부모가 아이의 손을 잡고 사진의 표정을 짚어보면서 "우리 ○○, 화가 나서 찡그리고 있네"라며 사진에 나타난 표정의 정확한 감정을 말해준다. 그러고는 아이에게 화난 얼굴의 스티커를 보여주며 아이의 손으로 해당 스티커를 짚어보게 한 뒤 "여기 화난 얼굴이 있네"라고 알려주고는 아이에게 스티커를 떼서 붙이도록 유도하면 된다.

꼭 사진첩에 스티커를 붙이는 활동이 아니어도 된다. 마땅한 사진이 없다면 여러 표정의 스티커를 모아서 비슷한 감정을 나타내는 표정끼리 짝을 지어보는 활동을 해도 좋다. 중요한 것은 부모와 함께 놀이하듯 다양한 방식으로 감정 단어를 알려주는 일이다.

병원 놀이(아프다, 무섭다, 울다), 목욕 놀이(시원하다, 상쾌하다), 인형 놀이(예쁘다, 귀엽다) 등을 하면서 아이는 놀이 상황에서 자연스럽게 감정과 표현을 익힐 수 있다. 또 역할 놀이를 하면서도 감정 표현 단어를 배울 수 있다. 부모가 아이의 놀이 방식에 따라 적절한 방법으로 반응해준다면 아동은 그 자체만으로도 즐거움과 재미를 경험할 수 있고 부모의 표현 방법까지 배울 수 있다.

아이는 놀이를 통해 자신과 타인의 감정을 이해하고 표현할 때 인지와 언어 능력이 발달한다. 부모와 함께 놀면서 익힐 수 있는 배움은 아이가 학습을 하는 과정에서 배우는 양보다 더 쉽고 즐겁게 그리고 훨씬 좋은 효과를 나타낼 수 있다.

아이는 부모와 놀이하는 중에 자연스럽게 소통할 기회가 많아지고 그런 소통이 쌓이면서 부모를 향한 믿음과 애착의 숲을 더 울창하게 가꾸게 된다.

정확하게 지칭해주지 않으면 모르는 아이

생략된 말이나 이름을 붙이지 않고 나와 상대를 가리키는 2인칭 대명사를 이해하기 힘들어하는 아이가 있다. 이런 아이들의 경우, 부모는 아이에게 내용을 생략하지 말고 명확하게 꼬박꼬박 단어를 말해주는 것이 도움이 된다.

그네를 타고 있는 두 아이가 있었다. 왼쪽의 아이에게 "몇 살이니?"라고 묻자 아이는 "일곱 살요"라고 대답했다. 오른쪽 아이에게 "너는?"이라고 물었는데, 그 아이는 잠시 생각에 잠기더니 "저는 ○○아파트에 살고 있어요"라고 답하는 것이 아닌가. 내가 질문한 의도와 전혀 다르게 엉뚱한 대답을 한 것이다. 조금 뒤 나는 다시 오른쪽 아이에게 "몇 살이니?"라고 재차 물었다. 그러자 아이는 그제야 "일곱 살이에요"라고 옳게 대답했다.

두 번째 아이는 첫 번째 아이에게 한 질문의 내용을 생략하고 "너는?"이라고 물은 것의 의미를 제대로 파악하고 이해하지 못했다. 이런 아이의 경우 생략된 말, 즉 지시되지 않은 말을 추측해서 답변하는 것을 유독 힘들어하는 아이라고 볼 수 있다.

한 가지 예를 더 들어보자.

엄마가 동생을 돌보며 매우 분주한 상황이다. 그런데 이때 첫째 아이가 자꾸 간식을 달라고 보챈다. 엄마는 첫째 아이에게 "그럼 식탁 위에 있는 그거 먹을래?"라고 말했다. 하지만 첫째 아이는 엄마가 말하는 '그것'이라는 것이 무엇인지 이해하기 어렵다. 엄마가 말하는 '그것'은 어제 엄마가 식탁 위에 놓아둔 과자와 과일을 가리키는 것이었다.

이럴 경우 엄마가 아이에게 "그것도 몰라? 식탁 위에 있잖아!"라며 신경질적이고 부정적인 말로 아이에게 채근하는 것은 금물이다. 더불어 아이에게 "조금만 기다려봐"라고 표현하는 것도 적절하지 않다. 아이는 도대체 엄마가 뭐라고 말하는지 이해하기 어렵기 때문이다. 부모는 이이가 '식탁을 보면 알겠지'라고 생각해서 아이한테 한 말이겠지만, 아이는 구체적이지 않은 말들을 이해하기가 너무나 어렵고 힘든 것이다.

이럴 때 부모가 해주어야 할 일은 아이에게 말할 때 구체적인 단어로 표현해주는 일이다. 앞의 엄마라면 "식탁 위에 과자랑 바나나가 있어. 배고프면 먹어"라고 정확히 말해준다면 아이는 별 어려움 없이 엄마의 뜻을 쉽게 이해할 수 있다.

부모의 부정 언어는 금물

이런 어려움을 겪는 아이들의 경우 기억하고 암기하는 활동은 잘하지만 상상하는 활동에는 어려움을 나타낸다. 때로 아이는 자기가 관심을 갖고 흥미를 느끼는 분야에서는 강한 기억력을 발휘하기도 한다. 예를 들어 세계 여러 나라의 수도 이름을 틀리지 않고 줄줄 말하거나 어른도 알기 힘든 어려운 한자를 잘 외우고 암기과목이나 규칙이 필요한 계산 문제 등에서 어려움을 느끼지 못하는 아이가 많다.

반면 직접 상상하며 글을 쓰거나 자유로운 주제에 대하여 글을 써보는 것에 대해서는 어려움을 느낀다. 이런 아이는 자신의 생각이나 행동이 무조건 맞다고 생각하기 쉬우며 자기와 다른 생각을 가진 사람에 대해서 전부 틀렸다고 생각하는 편이다. 그래서 다른 사람에게까지도 자신의 규칙이나 생활 패턴 등을 강요하며 주변 사람을 힘들게 한다.

이때, 부모가 아이의 행동과 모습에 부정 언어를 사용하면서 "틀렸어! 그만둬! 하지 마! 안 돼! 이상해!"처럼 명령형 말투를 자주 사용한다면 아이는 크게 상처받을 수 있다. 그렇기에 가급적 아이에게는 명령형을 사용하지 말고 "~하자, ~해보면 어떨까?"와 같이 청유형을 사용해서 표현해야 한다. 이렇게 해야만 아이와 부모의 관계가 악화되지 않고 긍정적으로 유지될 수 있다.

부모가 아이를 평가할 때 아이의 학습력을 기준으로 이 정도 표현은 '알겠지'라는 생각으로 접근한다면 아이는 자기의 능력에 넘치는 부담감으로 인해 소통의 함정에 빠질 수 있다. 이렇게 되면 아이와의 원활한 소통은 전면 차단될 수도 있다. 부모는 내 아이가 잘하는 부분과 부족한 부분을 가까이에서 파악할 수 있는 기회가 많다. 이런 기회를 이용해서 우리 아이에게 부족한 부분이 있다면 부족한 부분을 보완해줄 수 있는 자연스러운 방법을 써야 한다.

아이에게 상처주면서 가르치기보다는 아이의 특성에 맞게 훨씬 잘 이해할 수 있는 구체적인 말로 표현해준다면 아이와의 원활하고 효과적인 소통은 얼마든지 가능하다. 그렇게만 된다면 아이는 부모와의 소통을 통해 부족한 부분은 배우고 채우면서 천천히 소통의 방법을 익힐 수 있다.

비유적 표현을 잘 이해하지 못한다면

부모가 아이의 특성에 따라 되도록 사용하지 말아야 하는 표현들이 있다. 특히 아이가 모든 말을 곧이곧대로, 단어를 있는 그대로 받아들이는 경우라면 아이는 비유적 표현들을 이해하는 데 큰 어려움을 겪을 수 있다.

이런 경우 부모가 아이와 효과적인 소통을 하기 위해서는 아이와 대화할 때 어떤 상황에서, 어떤 이유 때문에 일어나는 일들에 대해서 구체적으로 차근차근 풀어서 설명해주어야 한다. 이렇게 해야 하는 대표적인 다섯 가지 사례를 소개해본다.

첫째, "조금 기다려"라는 말 대신에 함께 시계를 보며 정확한 시간을 말해주는 게 이런 아이들에게는 훨씬 이해가 빨리 되고 쉬운 표현이 된다. 일례로 아이에게 "조금 있다가 유치원 가자"라는 말을 했을 때 아이는 '조금 있다'가 언제인지 가늠하기가 어렵다. 이럴 경우 엄마는 "짧은 바늘이 9에 가면 유치원에 가자"처럼 명확하게 표현해준다면 아이는 더 쉽게 이해할 수 있다. 아이가 시계를 보는 방법을 모를 수도 있으므로 이럴 때는 아이에게 숫자를 알려주면서 출발할 때를 말해주면 된다.

둘째, 밥을 잘 안 먹는 아이에게 "조금 더 먹어보자"라고 표현하는 것보다 아이에게 횟수를 나타내며 "세 번 더 먹어보자"라고 말한다면 아이는 더 이해하기 쉽다. 이와 비슷한 예로 "양치 제대로 하자"라고 표현하는 것보다 구체적으로 "하루에 세 번" 또는 "자기 전에 꼭 닦자"처럼 정확한 횟수와 지침을 말해주는 것이 아이들에게는 도움이 된다.

셋째, 부모가 아이 앞에서 "피곤해 죽겠다"라고 하거나 "힘들어 죽겠네"와 같이 비유적인 표현을 쓴다면 아이를 불안하게 만들 수 있으므로 절대 쓰지 않는다. 비유와 상징을 모르는 아이는 이런 부모의 말을 곧이곧대로 알아들으므로 정말 부모가 죽어버린다고 생각할 수 있다. 이럴 경우 부모는 아이의 특성에 따라 적절하게 "오늘 힘들었어"라든지 "오늘 많이 피곤하네"라고 단순하게 말한다면 아이도 헷갈리지 않고 쉽게 이해할 수 있다.

넷째, 아이가 일상생활에서 천천히, 느리게 행동하는 모습을 보였을 때 부모는 "빨리", "천천히" 등의 말로 행동을 재촉할 수 있는데, 아이는 이 같은 추상적인 말들을 이해하기 어렵다. 이럴 경우 부모는 아이에게 추상적인 말 대신에 아이가 평소 좋아하는 구체적인 물건이나 활동에 빗대어 표현해준다.

예를 들어 기차에 흥미가 있는 아이라면 '천천히'라는 단어는 무궁화호에 빗대어 표현해줄 수 있고 '빨리'는 KTX에 빗대어 표현해줄 수 있다. 아이가 이해하기 쉬운 직설적인 표현이나 눈에 보이는 말로 표현해준다면 아이는 더 쉽게 이해할 수 있다.

다섯째, 아이가 친구와 놀고 있을 때 갑자기 놀이 활동을 멈추게 하지 말고 아이에게 미리 놀이가 끝나는 시간을 알려주는 것이 좋다. 이런 실수는 부모들이 흔히 저지르는 실수로 갑자기 놀이를 그만두고 집에 갈 시간이라며 아이를 채근하는 부모가 많다. 대부분의 아이들이 이런 상황을 싫어하지만 곧이곧대로 상황을 판단하는 아이들은 갑자기 상황이 전환되는 것을 더욱 견디기 힘들어한다.

따라서 이런 아이의 경우에는 미리 놀이를 마무리할 시간을 알려주어 아이가 쉽게 상황을 전환할 수 있도록 도와주어야 한다. 예를 들어 "긴 바늘이 숫자 5에 올 때까지만 놀 거야"라고 정확하게 시계를 보여주면서 미리 말해주는 것이다. 그러면 아이는 숫자를 보면서 놀이를 끝내야 하는 시간을 짐작할 수 있기에 그 시간이 되면 큰 저항 없이 상황의 전환을 받아들일 수 있다.

이처럼 아이가 의미를 제대로 파악하지 못하고 받아들이기 힘들어한다면 부모가 좀 더 차분하고 상세하게 아이들을 납득시키고 이해시켜야 한다. 여기서 주의할 사항은 만약 아이가 의미와 다르게 이해했더라도 화를 내거나 부정적인 언어로 아이의 자존심에 상처를 주지 않는 것이다.

부모와의 소통은 사회적 소통의 출발점

아이들에게는 저마다 특성이 있고 타고난 성품이 있다. 어떤 아이는 '아'라고만 말해도 그다음 문장까지 이해할 수 있지만 어떤 아이는 '아'가 대화를 시작하려는 표현인지 그저 음성에 불과한지 구별하지 못할 수도 있다.

그러나 다 괜찮다. 부모가 아이의 특성을 알고 이해하며 적절하게 소통한다면 부모와 아이의 상호작용은 잘 이루어질 수 있다. 부모가 아이에게 먼저 문제를 지적하고 부정적인 언어로 상처를 주지 않는 한 아이는 부모와의 소통에서 세상과 소통하는 방법을 배울 수 있다.

부모와의 소통은 모든 사회적 소통의 출발점이므로 아이가 부모와 상호작용하며 소통의 즐거움을 느낀다면 아이는 충분히 건강하게 성장할 수 있다. 아직은 세상과 대화하기 낯설고 힘들지라도, 아이가 세상과 소통할 수 있도록 문을 열어줄 수 있는 유일한 사람은 다른 누구도 아닌 부모이기 때문이다. 사회적 상호작용을 위해서는 타인의 말에 대한 메시지를 전달하고 해석하는 능력이 매우 중요하다. 이 능력의 첫걸음을 아이는 부모와 떼야 한다.

자녀를 마음의 무게로
저울질하지 마라

아이가 가진 강점과 개성을 인정하라

형제나 자매, 남매 등 둘 이상의 자녀를 키우는 부모들의 고민
은 비슷하다. 같은 부모, 같은 뱃속에서 태어났지만 성향이 반대
이거나 각자 너무 달라 키울 때마다 첫 경험을 하는 것 같은 고
민을 하게 된다. 부모는 큰아이를 키울 때의 경험이 둘째에게는
전혀 통하지 않는 것을 매 순간 느낀다.

일례로 일란성쌍둥이일 경우에도 아이들의 성향은 전혀 다를
수 있다. 한 아이는 정적인 성향을 갖고 있는 반면 다른 아이는
매우 동적인 성향이 나타날 수도 있다. 이렇듯 아이들을 대할 때
주의해야 할 사항이 있다. 자녀들의 성향을 동시에 같은 비중으
로 존중해주는 일이다.

만약 두 형제 중 큰아이가 정적인 반면 둘째 아이가 동적이라면 형제의 상호작용에서도 어려움이 따를 수 있다. 아이들은 서로 다른 성향 차이에 따라 받는 스트레스의 양상도 각기 다르게 나타나기 때문이다. 동적인 동생의 경우 행동반경이 크거나 활달하기 때문에 부모는 동생의 행동을 더 많이 지적하게 될 것이다. 그러나 이것은 잘못된 판단일 가능성이 높다. 정적인 큰아이만 키우다가 동적인 동생을 키우려니 부모가 큰 아이의 기준대로만 생각한 결과 빚어진 일일 공산이 크기 때문이다.

따라서 동적인 동생의 문제행동에 대해 정적인 큰아이 앞에서 너무 많이 지적하고 혼내지 않는 것이 좋다. 부모가 형제들을 사이에 두고 한 형제만을 더 많이 지적하고 혼내는 것은 한쪽의 문제행동을 다른 형제에게 더 부각시키고 확인시켜주는 꼴만 될 뿐이다. 그럴 경우 혼이 나는 아이도 불편한 감정을 느끼고 그것을 지켜보는 아이도 좋지 않은 감정만 가르쳐주는 꼴이 된다.

이는 형이 동생에게 좋은 감정을 가지는 것을 막는 일일 뿐 아니라 동생을 부모를 힘들게 하는 존재로 인식시켜, 두 아이 모두에게 도움이 되지 않는다. 서로 감정이 좋지 않은 형제들은 부모가 없는 상황에서도 서로 불편함을 느낄 수 있다. 형은 그동안 부모가 동생을 지적해온 모습을 그대로 배워 동생을 지나치게 지적할 수 있고, 동생은 부모에 이은 형의 잇달은 지적에 반항심만 키울 수 있다. 결국 형제의 사이는 나빠지고 관계는 틀어진다.

형제에게 이런 모습이 자주 반복되면 잦은 싸움으로 번지게 되고 형제애라든지 둘이 사이좋게 시간을 보내는 일은 점점 멀어진다. 형이 동생을 지나치게 지적할 경우 부모는 그런 일은 어디까지나 부모의 역할임을 확실히 알려줄 필요가 있다. 부모는 아이에게 잘못된 행동을 고쳐주고 가르칠 의무가 있지만 형이라는 이유로 부모처럼 동생을 지적하고 가르치려는 마음은 잘못된 마음이라는 것을 명확히 해야 한다.

　　부모의 역할이 제대로 이행되지 않았을 때 형제, 자매의 관계는 길을 잃어버릴 수 있다. 이는 커서도 좋은 관계를 유지하지 못하게 막는 일이 될 수 있다. 모쪼록 부모는 자녀들이 서로 좋은 관계를 유지할 수 있도록 관계의 지도 역할을 잘하고 잘 안내해야 된다.

　　가정은 작은 사회다. 아이들이 부모와 형제 또는 자매와 제대로 된 관계를 이루지 못한다면 타인과 관계를 맺을 때 더더욱 큰 어려움이 발생할 수 있다. 부모가 다자녀끼리의 관계에 대해서도 깊이 생각해야 하는 이유다. 형과 동생 또는 언니와 동생 또는 오빠와 동생은 어디까지나 형제의 관계임을 가르치자. 형제와 부모 자식 간의 경계선을 명확히 하는 것, 이것이 양팔 저울에서 무게중심을 잡는 법이다.

학습할 나이가 되면 특히 더 조심하자

부모가 형제자매를 키울 때 가장 민감하게 조심해야 하는 사항이 있다. 바로 두 아이가 학력이나 성취도에서 차이가 날 경우 이를 철저히 함구하는 일이다. 아이들은 초등학교에 들어가면서 타고난 성향에 따라 다른 학습 태도와 결과, 면모를 보이기 시작한다. 이때 부모가 학습이 약하거나 학습에 관심이 없는 한쪽 아이를 다른 쪽과 비교하는 어리석음을 저지르기 쉬운데 이것만큼은 절대 피해야 할 태도다.

학습에 관심이 약한 아이를 나무라면서 무조건 학습에 뛰어난 점을 고평가하고 이 부분에 무게를 두며 아이들을 저울질하면 안 된다. 더불어 형제가 던진 '경쟁 낚시'에 부모가 낚여서 중심이 흐트러져 버린다면 형제와 부모의 관계까지 흔들릴 수 있다.

부모가 알려줘야 하는 것은 지금 내 앞에 있는 형제자매는 결코 경쟁자가 아니란 사실이다. 부모가 형제자매에게 깨닫게 해줘야 할 것은 형제자매의 관계, 가족의 관계에서는 서로가 부족한 부분을 채워주고 서로 도움을 줄 수 있는 같은 팀이라는 사실을 알려주는 일이다. 부모의 양육 태도에 따라 같은 형제자매지만 한 아이에게만 과도하게 빛을 비추어준다면 그 빛으로 인해 다른 한 아이는 그늘로 가려지게 하는 역효과를 가져올 수 있다.

예를 들어 일상에서 부모가 무심히 던진 한마디 말에 한 아이의 가슴에는 깊은 상처가 남는다.

"한 뱃속에서 태어났는데, 너는 어쩜 이리 다르니?"

화가 난 부모가 무심히 아이에게 던진 이 한마디로 아이는 마음속에서 '활활' 타오르는 분노를 느끼며 불신의 싹을 틔우게 된다. 아이의 분노는 상처가 되어 성인이 되어서도 상흔으로 남겨진다. 아이는 제일 먼저 세상에서 관계를 맺은 가족에게도 자신의 존재를 인정받지 못한다는 생각을 하며 자신의 존재를 가치 없이 생각하게 되고 자존감의 뿌리는 더 이상 자라지 못하게 된다. 이렇게 되면 아이의 자존감은 제대로 성장하지 못하고 점점 힘을 잃게 되는 것이다.

학습에 관계 없이 부모는 아이마다 각기 다른 재능을 인정해주고 그에 알맞은 칭찬과 격려를 해주어야 한다. 아이의 재능은 다양할 수 있다. 어떤 아이는 공부를 잘하는 학습적인 재능을 가진 반면 어떤 아이는 운동을 잘하는 아이 등 각양각색의 재능을 가지고 있다.

"○○는 책을 좋아해서 다양한 지식을 쌓을 수 있었구나", "○○는 운동을 정말 열심히 해. 몸 관리 하나는 정말 칭찬받아 마땅해"라고 저마다의 장점을 각각 인정해주고 격려해주어야 한다. 부모가 이렇게 존중하는 모습을 보이면 아이들은 상대를 인정하며 진심으로 축하하고 함께 기뻐하는 방법을 배우게 되는 것이다. 부모가 아이들에게 알려주는 존중과 인정할 줄 아는 마음은 아이가 타인과 함께 인생을 살아가는 데 필요한 소중한 가르침이 될 수 있다. 가정에서 형제자매 간에 익힌 존중의 뿌리는 아이가 사회에 나가서도 타인을 배려하고 존중하는 마음의 뿌리로 자란다.

부모가 아닌 아이에게 필요한 것을 주자

부모는 아이의 발달에 알맞게 아이마다 각자 필요한 것을 제공해주면 된다. 아이들에게 '공평'이라는 말로 모두 똑같이 다 해주지 않아도 괜찮다. 공평이라는 말로 빚어지는 갈등은 쌍둥이들이거나 나이 차가 얼마 나지 않는 형제나 자매에게서도 흔히 볼 수 있다.

부모가 아이들에게 모두 똑같이, 한날한시에 모든 것을 골고루 해줄 필요는 없다. 아이가 원하는 것에 맞게 해주되 아이의 연령과 성향에 맞춰서 적절한 양육 태도만 견지하면 된다. 아이마다 다른 발달과 나이를 고려하여 각자 아이에 맞게 필요한 것을 제공해주는 것이다. 이렇게 해줄 때에만 다자녀 아이들은 균형 있게 발달할 수 있다.

간혹 부모 마음의 균형을 맞추기 위해 '공평함'을 무기로 아이들에게 매번 똑같은 것을 제공하려고 노력하는 부모들이 있다. 그런데 이런 종류의 통일은 정말로 공평한 것일가? 그리고 아이들이 느끼는 필요를 모두 충족시키는 것일까? 더 나아가 아이들은 이런 것을 정말 공평하다고 느끼고 있을까?

아이들은 각자 성향에 따라 필요한 것이 다를 수 있다. 그런데 부모가 자신들의 마음 균형을 위해 아이들에게 전부 똑같은 것들을 제공해버린다면 아이들 개개인의 개성이 사라져버릴 수도 있다. 형제, 자매에게 비슷한 금액의 인형이나 옷, 축구화, 농구공 등을 사준다든지 하는 것도 불필요한 균형일 수 있다.

부모는 자기 마음의 무게를 저울질하며 금액을 비슷하게 맞추려고 하는 것일 테지만 정작 한 아이가 원하는 것은 비싼 인형이고 다른 아이가 원하는 것은 평범한 크레파스라면 부모는 마땅히 그 두 개를 같은 균형과 공평함으로 받아들여야 한다.

한 아이에게는 비싼 것을 사주고 다른 아이에게 저렴한 것을 사주었다고 미안함을 느끼거나 아니면 금액대를 맞추려고 불필요한 선물을 더 할 필요는 전혀 없다. 간혹 어떤 부모는 옷이나 신발을 살 때 한쪽 아이의 의견만 듣고는 다른 아이 것도 똑같이 구입하기도 한다. 아이들 각자의 취향과 개성을 존중하지 않고 부모 편의대로 또는 부모의 취향을 고집하는 모습들도 자주 볼 수 있다. 특히 이런 현상은 쌍둥이 자녀일 경우나 나이 차가 비슷한 형제, 자매에게서 많이 나타난다. 아이들이라고 모두 같은 성향과 같은 개성을 갖고 있는 것이 아니다. 각자마다 좋아하는 것이 다르고 타고난 개성이 존재한다.

아이의 연령이 비슷한 경우 학원이나 학습지 등 부모가 관리하기 편한 대로 큰아이의 다니는 학원을 동생이 그대로 같이 다니는 것도 지양해야 할 태도다. 아이의 학습 패턴과 성향, 아이의 의견 등 모든 것을 고려해서 아이에게 필요한 것을 제공해야 한다. 부모가 아이의 개성과 성향을 존중하고 아이의 선택을 존중하고 인정해주어야 후회하지 않는 선택을 할 수 있다.

부모의 필요에 의한 것 그리고 마음대로 선택한 결과는 아이가 학원을 가도 전기세나 내주고 오는 결과만 나타나는 꼴이 된다. 그만큼 아이에게 효율적이지 못하다. 어릴 때부터 아이들 각자의 개성을 존중해주고 아이가 직접 선택할 수 있는 기회를 제공해줄 때 아이는 더 넓은 세상을 경험하면서도 자신의 성향과 개성에 알맞게 선택할 수 있는 능력의 힘을 기를 수 있다.

부모도 아이도 선택할 수 없었던 건 똑같다

부모들의 말에 의하면 '열 손가락 깨물어서 안 아픈 손가락이 없다'고 한다. 하지만 그 말에 완전히 동의하지 않는 아이도 있다. 부모와 성향이 잘 맞는 아이가 있는 반면, 어떤 아이는 부모와 충돌하고 잘 맞지 않는 아이도 있기 때문이다.

실제로 부모 마음에 안 드는 아이, 부모와 성향이 달라 부딪치는 아이도 있겠지만 명심할 것은 아이는 부모를 선택하고 태어나지 않았다는 사실이다. 부모는 나와 다른 성향의 자녀까지도 품에 감싸 안을 줄 알아야 한다. 이것은 부모가 아이를 낳은 책임감을 지켜야 하는 이유 중 하나다.

나와 성향이 맞는 자녀에게는 마음을 열고 그렇지 않은 자녀에게는 마음의 문을 닫는다면 부모로서 자격이 없는 사람이다. 부모와 성향이 맞지 않는 아이가 느껴야 하는 마음의 고통을 생각한다면 있을 수 없는 일이다. 성향이 맞지 않는 자녀까지도 사랑으로 품어주고 감싸줄 수 있는 마음으로 아이를 대할 때 아이는 잘 자랄 수 있다. 그런 마음까지도 감싸 안을 수 있을 때 진정한 부모가 되었다고 말할 수 있다.

부모도 사람인 터라 자신과 성향이 맞는 아이는 아주 수월하게 키웠다고 생각하고 반대의 아이는 키우기 힘들다고 생각한다.

그러나 아이의 입장도 마찬가지다. 자신과 성향이 맞지 않는 부모, 성격이 맞지 않아 나 자신을 제대로 이해해주지 못하는 부모에게서 양육받아야 하는 아이는 어쩌면 부모보다 몇 배나 더 큰 인내를 발휘하며 살아야 할지도 모른다. 부모에게 반항하는 일도, 뜻을 거스르는 일도 힘들어서 아마 아이는 속으로 매우 지쳐가고 있을지도 모른다. 게다가 부모가 자신을 못마땅해한다는 사실을, 부모의 비언어적인 모습(행동, 표정)에서 온전히 느끼고 이로 인해 상처받고 있을 수 있다.

아이가 자신과 성향이 맞지 않거나 성격이 반대일 때는 아이의 입장도 똑같이 괴롭고 힘들 수 있음을 기억하자.

지금 우리 아이에게 필요한 관심과 말

나의 4학년은 급격히 달라지는 신체 변화를 느끼고 생각이 복잡하고 많아지던 시기였다. 급격하게 식탐을 보이며 보냈던 그때의 시절을 되돌아본다면 나의 식탐이 왜 그렇게 심해졌는가를 이제는 조금 이해할 수 있을 것 같다.

당시 나에게는 터울이 많은 동생이 생겼다. 동생이 태어나기 전까지, 나는 집안의 막내라는 타이틀의 영광을 누리며 살았다. 하지만 동생이 태어나자마자 나는 너무 커버렸고 가족들의 관심의 대상에서 점점 멀어졌다. 지금 생각해보면 자연스러운 일이고 당연히 받아들여야 하는 일이었는데 그때 나는 동생을 질투하며 미워했다. 만일 그때 내 질투의 원인을 제대로 설명 듣거나 스스로 왜 그런 마음이 들었는지를 인정했다면 그렇게 오랜 시간 동생에 대한 질투를 느끼며 보내지 않았을 텐데 내 마음은 너무 좁았고 또 얕았다.

학년이 높아지면서 공부할 양은 점점 많아졌고 노력보다 결과도 안 좋게 나왔었다. 부모님께 인정받고 싶었지만 뒤따르지 않던 성적에 자존감은 점점 낮아졌다. 그에 비해 작고 귀여운 이쁜 늦둥이 동생은 주위의 온 관심을 독차지했기에 나의 자리는 한없이 작아지고 있었다. 그렇게 내 자존감과 나의 마음은 외로움, 헛헛함의 허기짐을 음식으로 채워나가기 시작했다. 허기를 채웠던 음식으로 인해 급격하게 몸집이 불어났고, 나의 몸과 마음은 갈수록 점점 더 못생겨가고 있었다.

관심의 햇빛이 필요한 아이는 부모에게 어떤 형태로든 표현을 하려고 한다. 달라진 아이의 수면 패턴, 식습관, 옷 입기, 표정, 말투 등 아이는 자신이 할 수 있는 모든 수단을 동원해 부모에게 관심을 달라고 표시할 공산이 크다. 이때는 무엇보다 부모가 초기에 아이 마음의 표현을 잘 알아들어야 한다.

만약 갑자기 아이가 식욕을 주체하지 못한다면 아이의 행동과 모습을 부정적인 언어로 표현하기 전에 먼저 아이의 마음을 들여다보고 진짜 아이가 하는 마음의 말을 알아봐주어야 한다. 단지 정말 배가 고파서 주체하지 못하고 있는 것인지 면밀하게 살펴볼 필요성이 있다.

어린 시절 나 역시 허기진 마음을 음식으로 대신 채웠다. 식탐을 보이며 그것만큼은 빼앗기고 싶지 않아 했고 내 마음대로 나의 마음을 다 채울 수 있다는 반항심으로 부모를 대했다. 부모님의 통제로 차단되었던 마음을 음식을 숨겨놓고 먹으면서 이것만큼은 내 마음대로 하겠다는 목표를 달성하는 데 급급했다.

이런 나의 모습을 보면서 부모님은 내 건강을 걱정하고 늘어난 몸무게를 보며 내 마음을 걱정했다. 그 사실을 너무나 잘 알면서도 나는 부모님의 관심이 그저 나를 통제하는 말들이라고 생각했고, 갈수록 마음을 닫아만 갔다. 내가 원했던 말들은 나의 건강과 외모를 걱정하는 말이 아니라 따뜻한 사랑의 말, 애정의 말이었던 것 같다.

　부모가 통제하면 할수록 반항의 마음은 아이의 마음에 씨앗을 뿌리고 새싹을 틔우려 한다. 만약 내 아이에게 이런 모습이 보인다면 "살 빼라", "그만 먹어라" 대신 "요즘 어때?", "많이 힘들어?"라는 따뜻한 말을 건넸을 것이다. 다정한 눈빛으로 왜 그렇게 힘들어하는지, 왜 마음이 그리 쓸쓸한지를 물어봐준다면 아이는 안정감을 느낄 수 있을 것이다.

　아이가 방황하고 있다면 지금 아이에게 필요한 것이 무엇인지, 아이의 마음을 괴롭히고 있는 것이 무엇인지 다정하고 따뜻한 말투로 물어보자. 부모라면 아이의 진짜 마음을 읽어주려고 노력해야 한다. 아이 마음의 답은 의외로 간단할 수 있다.

부모의 한마디로 아이의 인생이 달라진다

　부모가 아이에게 통제의 말을 표현하면 할수록 아이의 행동은 역효과로 나타난다. 부정적인 표현을 듣는 아이의 마음속에는 부모에 대한 반항적인 마음만 더 커진다. 이는 곧 부모가 말한 부정적인 표현 그대로 자라기 시작하려는 부정적인 싹 틔우기로 연결된다.

　예를 들어 "그렇게 공부 안 해서 커서 뭐가 될래?" 같은 말로 부모가 아이를 아프게 한다면 아이는 부모의 말을 그대로 실천하면서 반항적인 마음의 싹을 점점 틔우게 될지 모른다.

반면 부모가 부족한 아이의 모습에도 "잘한다", "응원해!", "넌 얼마든지 할 수 있어"같이 긍정적인 말을 해준다면 그것을 듣고 자란 아이는 힘들고 어려워도 부모의 말에 보답하기 위해서 보란 듯이 최선을 다하려고 노력할 수 있다.

부모는 아이가 기댈 최초의 언덕이자 최후의 언덕이다. 아이가 달라진 모습을 보고 무조건 지적하며 혼을 내기보다는 우리 아이가 요즘 힘든 일이 있는 것은 아닌지, 아이의 마음을 불편하게 하는 것은 무엇인지 알아내는 것을 먼저 해야 한다. 아이의 태도에 변화를 느낀다면 아이의 마음을 읽어주기 위해 적극적으로 아이와 소통을 시도하고 아이를 지지해주면 된다.

아이도 분명 부모가 자신과 소통하려고 노력하는 마음을 느낄 것이다. 하지만 힘든 아이가 쉽게 부모와 소통을 하려 하지 않는 것은 당연하다. 이럴 경우 소통을 대화로만 하려는 마음을 잠시 접어두고 다른 통로를 찾아보자. 소통의 방법에는 여러 가지가 있다. 예를 들어 아이에게 작은 쪽지로 마음을 표현할 수도 있고 휴대폰 메시지로 따뜻한 마음을 담아보낼 수도 있다.

아이가 좋아하는 주제로 닫힌 소통의 문을 열자

부모는 아이의 관심에 맞게 이모티콘을 선물하며 아이와 소통할 수도 있고 아이가 좋아하는 가수의 콘서트를 함께 관람하면서 데이트를 즐길 수도 있다. 조금만 생각해보면 소통의 방법은 얼마든지 찾아진다. 아이가 좋아하는 가수의 '굿즈'로 관심을 끌어 이야기를 나누어도 좋다. 세대가 맞지 않다고, 서로 다르다고 생각하면서 단절하기보다는 서로 좋아하는 것을 소재 삼아 이야기의 물꼬를 터보자.

아이만 부모의 말을 듣고 자라는 시대는 지났다. 부모도 아이와 함께하려는 노력을 보인다면 아이도 마음의 문을 열려고 노력할 것이다. 이것이야말로 부모와 아이가 서로 진심이 담긴 소통을 시작하는 관문이 될 것이다.

아이들이 선택하는
미래를 존중하라

부모가 만들어놓은 틀에 갇혀버린 아이

아이의 발달 속도가 저마다 다르다는 사실을 머릿속으로는 알고도 마음에서는 받아들이지 못하는 시기가 바로 아이가 초등학교를 준비하는 5~7세 시기다. 이때 부모의 마음은 세워야 하는 목표들로 분주해지기 시작한다. 그래서 아이가 초등학교에 가기 전 엄마는 아이의 초등학교 적응을 위한 목표를 세우고 그것에 맞추어 수많은 학습지와 학원을 보내기 시작한다.

이때 또래 연령 아이들이 글자를 읽고 숫자를 읽는 모습을 볼 때면 마음이 더 급해진다. 학습지, 학원 정보를 알아보면서 이렇게 하지 않으면 자신은 아이에게 아무 도움을 주지 않는 무책임한 엄마라며 자신의 행동을 합리화한다. 아이의 발달 시기에 맞취 적절하게 교육을 해주고 있다면 아이에게 너무나 좋은 경험이 될 수 있지만 반대로 그렇지 않은 경우들도 있다.

예를 들면 또래에 비해 발달이 많이 늦은 아이가 있을 수 있다. 부모도 이를 잘 알고 있다. 이때 부모가 세워야 하는 목표는 학습에 초점을 두는 것보다는 기본 생활 습관을 갖추게 하는 것이 더 현실적인 대안이 된다. 이 일은 학습력보다 아이에게 월등히 중요한 대안이 될 수 있다. 또래 아이들처럼 엄마의 목표가 학습적인 목표로 맞추어진다면 아이는 학교생활을 하면서 어려운 상황에 자주 마주하게 될 것이기 때문이다.

또 어떤 부모의 경우 유독 숫자 세기를 떼고 입학을 시키려는 일도 있다. 이때 아이가 아직 숫자 세기를 제대로 이해하지 못했다면 억지로 시키지 말아야 한다.

부모의 강권에 아이는 자동적으로 숫자를 셀 수는 있겠지만 이는 이해했다기보다는 기계적으로 외워서 했을 가능성이 더 크다. 게다가 여기에 더해 부모가 아이의 수준을 오해하고는 아이에게 더 높은 학습을 요구하면서 한 단계 높은 학습지를 쥐어준다면 아이는 이해도 안 되는 학습지에 흥미를 몽땅 잃고 초등학교에 입학하기도 전에 '공부'와는 담을 쌓게 될 확률이 높아진다.

곰 젤리로 배우는 수 놀이가 더 효과적이다

이런 아이에게 중요한 것은 수를 더하고 빼고 하는 것이 아니라 수 개념에 대한 이해를 시키는 것이다. 아이가 숫자를 세고 이해하는 것이 어렵다면 학습지로 숫자를 개념화하게 하기보다는 엄마와 함께 놀이하듯이 자연스럽게 숫자 세기를 배우게 해야 한다. 예를 들어 엄마와 함께 곰 젤리 먹기 놀이를 하면서 젤리를 세어보면서 자연스럽게 숫자를 이해할 수 있도록 해주면 좋다. 아이에게 무조건 반복적으로 학습지를 시키며 익히게 하기보다 엄마와 놀이 중에 익히게 하는 것이 훨씬 쉽고 또 이해도 빨리 되기 때문이다.

엄마가 아이에게 기계적으로 숫자 세기 학습을 시켰을 때 아이에게 나타날 수 있는 문제점은 아이가 숫자의 개념을 제대로 이해하지 못하고 외우는 방식으로 수를 배우게 되는 점이다.

이런 차이를 알아볼 수 있는 방법은 간단하다. 아이에게 숫자가 표기된 토큰을 줄 세우기로 한 다음 중간 수 가운데 한두 개를 빼고 숫자를 말해보라고 한다. 이때 아이가 빠진 숫자를 눈치채지 못한 채 1에서 20까지 숫자를 그대로 부른다면 아이는 지금까지 기계적으로 숫자 세기를 외운 것일 뿐 수 세기가 가능했던 것이 아니라고 생각하고 당장 이런 방식의 공부를 그만두어야 한다.

엄마는 아이와 일상에서 함께 요리를 하면서, 목욕을 하면서,

밥을 먹으면서, 옷을 갈아 입으면서, 자연스러운 환경에서 아이에게 숫자 세기 개념을 가르쳐줄 수 있다.

부모는 아이가 느려도 괜찮다는 마음으로 급한 마음을 내려놓고 온전히 내 아이를 기준으로 믿고 응원해줄 수 있어야 한다. 더딘 성장을 하고 있는 아이일지라도 분명히 잘 자라고 있다. 아이가 학교 가기 전에 부모가 알려줘야 하는 중요한 배움은 초등 준비를 위한 학습력이 아닌 초등학교를 준비하는 일상생활 습관이다.

학습력보다 선행되어야 하는 생활 습관

그러면 아이가 초등학교에 들어가기 전 준비해야 할 일상생활 습관에는 무엇이 있을까? 가장 중요한 것은 배변 처리다. 그다음이 식사 예절, 수면 습관 등 기본적인 생활 습관을 배우고 가야 원활한 학교생활이 가능하다.

첫 번째, 배변 신호가 왔을 때 정확한 의사전달을 하는 방법을 먼저 가르쳐야 한다. 아이가 표현하는 방법 중에는 비언어적인 표현과 언어적 표현이 있다. 전자는 손을 들거나 표정으로 전하는 등 신호를 알려주는 것도 도움이 된다. 어떤 아이는 부끄러워서 수업 시간이라 참고 견디다가 실수를 하기도 한다. 이럴 경우를 대비해 부모는 아이에게 배변 활동은 절대 부끄러운 일이 아니니 참고 견디지 말고 조용히 손을 들고 분명한 의사를 교사한 테 표현할 수 있도록 알려주어야 한다.

또한 아이가 참고 견디는 모습이 자주 보일 경우 부모는 아이에게 몸에 신호가 왔을 때 생리적인 현상을 무조건 참고 견디는 것은 몸에 아주 위험할 수 있으니 수업시간이라도 급하다면 조용히 손을 들고 화장실에 다녀올 수 있도록 말해주는 게 좋다. 그렇게 준비해주었을 때 아이는 그런 상황이 닥치더라도 잘 해결해나갈 수 있다. 부모와 아이가 배변 관련 동화책을 읽어보면서 상황에 알맞게 이야기를 나누면 크게 도움받을 수 있다.

초등학교 저학년 아이들의 경우 배변 처리에 미숙함을 보일 수 있다. 이때 부모는 아이가 배변 처리를 혼자 잘할 수 있도록 지속적으로 집에서 연습해보게 하는 것이 좋다.

두 번째, 수면 습관이다. 아이의 규칙적인 수면 패턴은 아이가 충분한 휴식을 취할 수 있게 도와주고 아이의 성장에도 매우 중요한 역할을 한다. 처음부터 아이가 규칙적인 수면 습관을 갖기에는 어려움이 따른다. 하지만 일정한 규칙을 만들어 아이만의 수면 습관을 잡는다면 아이의 원활한 수면 패턴은 물론이고 성장 발달에도 많은 도움이 된다.

예를 들어 잠자기 전에 양치를 하고 잠옷을 갈아입은 뒤 책을 가져와 침대로 올라온다든지, 부모와 아이만의 잠자리 의식을 한다면 이것이 규칙적인 습관이 되어 아이에게 자연스러운 수면을 유도하게 된다.

불규칙한 수면 패턴으로 아이가 늦잠을 자서 자주 학교에 지각할 경우, 아이에게도 좋지 않은 습관이 생기게 된다. 덧셈 한 문제를 푸는 것보다 올바른 수면 습관을 잡아 아침에 늦지 않고 제시간에 등교하는 것이 훨씬 중요한 학생의 자세다. 지각을 자주 하는 습관은 아이의 책임감과도 연결된다. 지각하지 않으려고 일찍 잠자리에 들려는 생각 그 자체만으로도 아이는 중요한 배움이기에 그 가치는 더 높다고 할 수 있다.

세 번째, 식사 예절이다. 학교에서는 단체로 급식을 한다. 따라서 식사 습관이 제대로 잡히지 않은 아이들은 급식 시간에 큰 어려움이 따를 수 있다. 우리 집 첫 아이는 젓가락질이 늦었다. 당시 나는 잘못된 판단으로 아이에게 배움의 기회를 주지 않고 회피하는 방식을 택했다. 아이가 그 환경에 적응할 때까지 기다려주지 않고 아이가 젓가락질을 제대로 못해서 점심을 먹지 못할까 봐 불안한 마음에 아이가 쓸 수 있는 안전 젓가락을 따로 싸서 보내주었던 것이다.

좀 더 아이를 기다려줬더라면 어떡해서든 아이가 먹는 방법을 터득했을 텐데 그리고 젓가락질을 배워야 할 필요성을 더 빨리 느낄 수 있었을 텐데, 내가 아이의 배우는 시간을 가로챘던 것이다. '애가 저렇게 불편해하는데 안전 젓가락 보내면 되지'라는 안일한 생각으로 내 마음을 합리화하고 포장하려고 했던 것 같

다. 아이가 젓가락질이 미숙할 수도 있고 관심이 없을 수도 있
다. 어쨌든 이런 상황에서 부모는 아이가 환경에 맞춰 생활할 수
있도록 기다려주어야 한다. 안전 젓가락이 없어도 숟가락으로
아이들은 어떻게든 그 환경에 적응하려고 노력한다. 미리 엄마
의 불안으로 아이에게 주어진 배움의 기회들까지 놓쳐버리게 하
지 말자.

엄마가 준비해준 안전 젓가락질이 앞으로 아이의 생활을 불
안정하게 만들어버릴지도 모른다. 정말 아이에게 필요한 것은
학교생활, 단체생활에서 적응하며 생활하는 일이다. 부모가 할
일은 아이를 믿고 지켜봐주는 것이다.

부모의 경험으로 아이의 세상을 판단하지 마라

아이는 오늘도 부모가 정해놓은 기준을 맞추기 위해 힘이 든
다. 부모의 눈에는 우리 아이의 모습이 뭔가 남들보다 빠르고 잘
한다고 판단될 때 아이에게 더 많은 에너지를 쏟아붓기 시작한
다. 나 또한 잠시 첫째의 빠른 모습에 그랬던 적이 있었다. 하지
만 그것은 부모 자신만의 기대감일 뿐이다. 부모는 아이에게 부
담감을 주지 말고 아이의 꿈을 응원하고 그 길로 가는 방법을 안
내해주는 것만으로도 충분하다. 아이는 그 길을 향해 달려갈 수
도 있고 전혀 새로운 길을 발견하고 다른 길로 달려갈 수도 있

다. 그것을 선택하는 것은 오로지 순전히 아이의 몫이다.

부모는 자신의 만든 기준점을 향해 아이가 달려갈 수 있도록 칭찬으로 포장하며 끊임없이 요구한다. 이럴 때 아이들은 기대에 찬 부모님의 칭찬을 들으면서 마음 한쪽에서 답답하고 부담감으로 꽉 차버린 풍선이 점점 부풀어 오르는 것을 느낀다. 부모는 "못해도 괜찮아", "하고 싶은 대로 해"라고 말하지만 정작 아이가 스스로 선택한 길로 들어서려 할 때 아이를 믿어주고 격려하기보다는 불안한 눈빛으로 아이를 바라본다. 그러면서 그 길에 들어갔을 때 닥칠 힘든 점, 문제점 등을 이런저런 사례를 들어가면서 늘어놓으며 아이가 스스로 선택한 길을 다시 생각하도록 설득하기 바쁘다.

부모는 아이에게 도움이 되는 말이라고 착각하며 이런저런 경험담과 조언 그리고 때로는 칭찬을 마구 던지지만 이런 칭찬 세례를 받는 아이의 마음은 마냥 불편하기만 하다. 게다가 부모의 기대와 칭찬에 대한 요구를 충족하지 못한 아이들은 죄책감과 좌절감을 느끼며 자란다. 부모는 자신의 성공적인 경험을 바탕으로 아이에게 끊임없이 이런저런 조언을 삶의 힌트라고 알려주며 설득하고 요구하지만 그것은 어디까지나 부모의 경험일 뿐이고 생각일 뿐이다.

아이에게 필요한 진정한 부모의 모습은 아이가 원하는 길을 알아주고 그 방향으로 안내해주고 믿고 격려해주는 부모다. 아이가 가진 내면의 힘을 믿어준다면 아이는 그 자체만으로도 감사함과 고마움을 느낀다.

다가오는 세상은 이전 세상과 다르다

부모는 자신이 제시하는 안정적인 직업을 향해 아이가 나아가기를 바라지만 앞으로 아이가 살아갈 세상에서는 부모가 원하고 기대하는 직업이 반드시 안정을 보장해주지는 않는다는 사실을 부모는 맨 먼저 인정할 필요가 있다. 세상은 빠르게 변하고 있는 데다가 더 중요하게는, 아이들의 인생은 아이들의 것이지 부모의 것이 아니기 때문이다.

부모 세대의 모습과 현재 아이들 세대의 세상은 다르다. 또 부모와 자식의 관계도 동등하고 평등해진 세상이다. 그러니 부모는 이제 아이가 원하는 길을 안내해주는 역할을 하는 것만으로 만족해야 한다. 부모가 세상에 태어나게 했다고 해서 아이의 인생까지 조종할 수는 없다. 이는 매우 잘못된 마음이다.

어쩌면 부모는, 자신도 가보지 않은 길을 아이가 간다는 것이 불안한 것일 수 있다. 그래서 익히 알고 있는 길, 누구나 안전하다고 생각하는 방향으로 아이가 평범하게 가기를 바라는 것일 수 있다. 하지만 아이에게는 부모가 제시하는 길도, 자신이 원하는 길도 모두 가보지 않은 길이다. 세상의 변화 앞에서 과거에

묶여 있는 부모의 판단은 어쩌면 시대의 흐름에서 뒤처지는 것일 수 있다.

독일의 시인이자 철학자인 니체는 "내가 태어나는 순간 나는 내 삶을 실험할 수 있는 권리를 가지고 태어났다"라고 했다. 부모는 아이가 인생에서 더 큰 경험과 배움으로 자랄 수 있도록 어렵지만 한 발짝 뒤로 물러서서 바라봐주어야 한다. 그리고 이 결심에는 용기가 필요하다.

3장

현명한 훈육이
아이를
바꾼다

행동이 바뀌는 훈육
변화를 가져오는 훈육

기어 다니는 아이에게도 훈육은 가능하다

부모는 언제 아이에게 훈육을 시작해야 하는지 제대로 알지 못할 수 있다. 그러나 기어 다니는 아이에게도 훈육은 가능하다. 6~12개월의 아기들도 엄마의 표정에 반응하므로 주변의 정서 반응을 이용해 충분히 훈육할 수 있다. 아기들조차 엄마의 표정에 따라 행동의 방향이 달라지기 때문이다.

소파를 붙잡고 일어서거나 TV 서랍장 위에 놓인 리모컨을 잡으려고 할 때도 아이들은 엄마를 쳐다본다. 이때, 아이가 엄마를 쳐다보는 의미는 무엇일까? 당연히 엄마에게서 어떤 반응이 나타나는지를 살피기 위함이다. 아이가 엄마의 표정을 살핀다는 말은 곧 훈육을 받을 준비가 되었다는 의미로 해석할 수 있다.

아이가 기어 다니게 되면 활동 반경이 넓어지며 다양한 안전사고가 일어난다. 이때 엄마는 아이에게 일관적인 표정과 단어를 함께 사용해서 아이가 이해하기 쉽게 표현하는 것이 좋다.

예를 들어 "안 돼"라고 말할 때는 말과 동시에 고개를 저으며 무표정한 모습을 보여준다거나 또는 넘어지거나 다쳤을 때 "아야(아파)"라고 말하며 얼굴을 같이 찌푸리는 표정을 지어주는 것이다. 이처럼 아주 어렸을 때부터 부모는 아이에게 하면 안 되는 행동에 대해 알려줄 필요가 있다.

여기서 중요한 것은 부모가 아이에게 '세상일은 내 마음대로 다 할 수 있는 게 아니다'라는 사실을 알려주는 것이다. 아이는 수많은 시행착오와 반복의 과정을 거치면서 배울 수 있다. 부모가 아이에게 일관된 태도로 알려줄 때 아이는 제대로 배움의 과정을 연습할 수 있다.

제대로 된 훈육은 관계를 악화시키지 않는다

훈육은 아이가 순순히 인정하고 받아들여야 올바른 훈육이 되었다고 할 수 있다. 이를 위해서는 부모와 아이 사이에 기초적인 애착 관계가 형성되어 있어야 한다. 애착이 제대로 형성되어 있지 않으면 아이는 엄마의 말에 협조하고 싶은 마음이 생기지 않기 때문이다.

아이 마음의 기초공사를 세우는 뼈대가 엄마의 믿음과 신뢰로 이루어져야 하는 이유다. 부모가 아이에게 훈육을 할 때 아이 마음에 세워진 믿음과 신뢰감을 해치지 않으려면 어떻게 해야 할까?

방법은 있다. 부모가 아이의 잘못된 행동에만 초점을 맞춰 생각하지 말고 아이가 어떤 마음에서 이런 행동을 하게 되었는지를 먼저 헤아려보고 아이의 마음을 먼저 읽어주면서 상황을 풀어나가는 것이다. 부모가 이처럼 현명하게 행동한다면 부모와 아이 관계는 악화되지 않는다.

예를 들어 동생이 놀다 큰아이가 맞추어놓은 퍼즐 그림판을 엎어버렸다. 화가 크게 난 큰아이는 동생을 밀쳤고 동생은 넘어져 울음이 터졌다. 이때 엄마가 밀친 행동에만 초점을 맞추고 큰아이를 혼내는 데에만 몰두한다면 상황은 악화된다. 몇 날 며칠에 걸쳐 애써 맞춰놓은 퍼즐이 엉망이 되어 처음부터 다시 시작해야 할 판인데, 엄마마저 동생 편만 든다고 생각하면 억울한 마음이 더 커지고 엄마에 대한 원망도 커진다.

아무리 화가 나는 상황에서도 아이가 동생을 때리거나 밀치는 행동은 잘못된 행동이 분명하다. 따라서 이런 행동에는 훈육이 반드시 필요하다. 하지만 엄마가 앞뒤 사정도 안 보고 무작정 혼내기만 하는 바람에 큰아이는 동생을 때린 자신의 행동을 반성하기보다는 억울한 마음만 가슴에 남는다. 반성의 마음이 사라지면서 동생에게 미안했던 마음도 머릿속에서 사라진다. 이는 아이의 머릿속에 무섭게 자신을 혼내는 엄마 모습만 남은 탓이다. 결국 아이의 마음에는 동생에 대한 미움과 분노만 가득 찰뿐이다. 엄마의 올바르지 않은 훈육 때문이다.

이 경우 엄마는 맨 먼저 아이의 행동이 아닌 아이의 마음을 읽어주어야 한다. 어렵게 맞춘 그림 퍼즐판을 동생이 엎어버려서 속상하고 화가 난 큰아이의 마음을 이해하고 그 실망감을 어루만져주어야 한다.

"아이고 이걸 어째? 힘들게 맞춘 그림 퍼즐판을 동생이 엎어버렸네. 정말 많이 속상하겠다"라고 우선 아이의 입장에서 아이가 느끼고 있을 속상함과 화를 읽어준다. 그러고 난 뒤에 아이의 문제행동을 지적해주며 해서는 안 되는 행동을 분명히 알려주어야 한다.

"속상한 건 알겠는데, 아무리 화가 나도 절대 동생을 밀거나 때리면 안 돼. 이건 네가 엄연히 잘못한 거야."

이런 방법으로 아이를 훈육한다면, 아마 큰아이는 자기 잘못을 깨닫고 동생에게 사과하는 자연스러운 과정을 밟을 수 있었을 것이다. 물론 그림 퍼즐판을 엎어버린 동생에게 따끔한 주의를 주는 것도 잊지 말아야 할 엄마의 행동이다.

"조심했어야지. 형이 얼마나 애써서 만들고 있는 건데. 얼마나 속상하겠어? 너도 형에게 사과해"라고 둘 사이에 쌓였을지도 모르는 앙금을 풀도록 엄마가 안내하는 것이다.

올바른 훈육은 부모와 아이의 관계를 망치지 않는다. 관계를 악화시키는 훈육이라면 그것은 잘못된 훈육 방법이다. 잘못된 훈육을 받고서는 아이가 제대로 된 가르침을 얻을 수도, 자기 행동을 교정할 수도 없음을 부모는 명심해야 한다.

아이의 마음에 무엇을 남기고 무엇을 확인할까

일방적인 주입식 훈육도 아이의 마음을 읽지 않는 훈육만큼 아이와 부모의 관계를 악화시킨다. 부모는 냉정하고 엄격한 훈육이 아닌 아이의 마음을 제대로 깨닫게 해주는 진정한 훈육을 해야 한다. 그렇다면 진정한 훈육의 정의란 무엇일까?

아이가 부모의 훈육으로 인해 진정한 깨달음을 얻고 행동이 바뀌는, 변화를 가져오는 훈육이다. 앞에서 말한 큰아이는 동생을 밀쳤던 잘못된 행동을 나중에라도 반성했을까? 절대 그렇지 않다. 아이 마음속에는 자신의 잘못된 행동에 대한 생각보다 엄마에 대한 섭섭함과 원망의 마음이 더 크게 자리 잡기 때문이다.

부모가 아이에게 제대로 훈육을 하고자 한다면 훈육을 하고 난 뒤 아이의 마음에 무엇을 남겼는지를 잘 살펴봐야 한다. 앞 사례에서, 만약 부모가 아이의 마음을 먼저 읽어주고 아이의 문제행동을 지적했더라도, 부모는 아이의 마음에 무엇이 남았는지를 조심스럽게 확인하는 것이 좋다. 일관된 태도로 부모가 큰아이의 마음을 읽어주고 올바로 된 가르침을 주었다면, 아이는 부모에 대한 믿음과 동생에 대한 미안한 마음이 고스란히 남을 것이다. 깨달음과 반성이 같이 자라는 것이다.

제대로 된 훈육은 절대 일방적인 훈계의 말도 충고의 말도 아니다. 그것은 아이의 마음을 움직이지 못하는 빈껍데기 훈육일 뿐임을 잊지 말아야 할 것이다.

아이의 입과 눈빛을 하나로 움직이게 하는 훈육

부모가 하는 훈육은 아이의 입과 눈빛을 하나로 작동하게 하고 아이의 마음을 움직이게 하는 것이 되어야 한다. 아이가 입으로는 "잘못했습니다"라고 말하면서도 눈빛은 '분노와 경멸'로 가득 찼다면 그것은 실패한 훈육임을 암시한다.

이를 방지하려면 부모 혼자만의 일방적인 훈육으로 흐르는 것을 삼가야 한다. 아이에게 말할 기회를 주고, 왜 그런 행동을 했는지 물어봐주고 아이에게 자기변호를 할 수 있는 기회를 줄 때 아이는 부모와 제대로 된 의사소통을 하고 있음을 느낄 수 있다.

똑같이 잘못된 행동을 해서 훈육을 받고 있는 두 아이가 있다고 하자. 그런데 한 아이는 '깨달음'을 얻고 반성하지만, 다른 한 아이의 마음에는 '분노와 경멸'만 남는다. 이 둘의 차이는 어디서

왔을까? 어떻게 아이들 마음의 움직임이 달라졌을까?

부모는 아이가 미안함과 죄책감, 이해받고 존중받아 충만해진 마음으로 이제 달라져야겠다는 다짐을 할 수 있도록 훈육해야 한다. 그런 마음이 생길 때 아이는 진정한 배움의 기회를 얻을 수 있다. 입으로는 "잘못했습니다"라고 하지만 눈빛은 전혀 아니라면, 그 아이는 이 억울하고 화가 나는 상황에서 빠져나가기 위해 면피용으로 잘못을 인정하는 척하고 있는 것에 불과하다. 즉 앞으로 아이가 반성하고 달라지는 모습을 기대하기는 힘들다.

부모는 아이에게 훈육할 때 좋은 결과를 기대하고 한다. 성공적인 훈육으로 가는 길은 그다지 어렵지 않다. 마음 또 마음 읽기, 그것만 명심하자. 그리고 마음에서 우러나오는 훈육을 했을 때 훈육은 완성된다는 사실도 명심하자.

아이의 발달 시기에 따른
훈육이 필요하다

훈육보다 발달 사항 먼저 공부하자

요즘 부모들은 많은 육아서와 방송을 보면서 육아를 공부한다. 그러나 실제로 아이의 발달 시기에 따른 행동에 대한 이해도는 부족하다. 아이는 발달 시기에 따라 다양한 행동 특성을 보인다. 부모가 아이 발달 시기에 따른 행동에 대해 이해하고 있을때는 아이의 행동에 크게 불안해하거나 걱정하지 않는다. 그 시기에 그런 행동이 나올 수 있다는 것을 미리 짐작할 수 있기 때문이다. 반면 초보 엄마나 아이의 발달에 대한 이해도가 부족한 부모일수록 아이의 행동에 더 크게 불안해하고 걱정한다.

아이들은 성향에 따라 발달 정도가 각기 다르다. 같은 부모에게서 태어났더라도 첫째 아이의 발달과 둘째 아이의 발달 시기가 각각 다를 수 있다. 따라서 부모는 훈육을 할 때 아이의 연령과 관계없이 내 아이의 발달 시기에 맞게 적절하게 해야 한다.

만약 아이가 훈육을 이해하지 못하는 시기라면, 부모가 적극적으로 나서서 아이가 흥미를 보이는 다른 대상으로 관심을 전환할 수 있도록 해주는 것이 현명한 태도다. 아이가 떼를 쓸 때, 다른 장난감이나 과자 등으로 관심을 돌려주는 것이다.

마트에서 자주 벌어지는 한 장면을 떠올려보자. 마트야말로 일상생활에서 아이를 훈육해야 할 일이 자주 벌어지는 곳이다. 한 엄마가 아이에게 뽀로로 낚시 놀이 장난감을 사주었다. 그런데 조금 뒤 자동차 코너로 이동하자 자동차도 사달라고 떼를 쓴다. 이때 엄마는 어떻게 하는 게 좋을까?

가장 먼저 할 일은 아이에게 "뽀로로 자동차가 갖고 싶구나? 하지만 뽀로로 낚시 놀이를 샀으니 오늘은 그만 사는 거야. 뽀로로 자동차는 생일 선물로 사줄게"라면서 아이의 마음을 읽어주는 것이다. 그런 뒤에 "우리 ○○가 좋아하는 마이쮸 사러 갈까?"라며 아이를 번쩍 안고 그 자리에서 벗어나야 한다. 그러면 아이는 금세 뽀로로 자동차를 잊고 자기가 좋아하는 마이쮸를 사는 것으로 관심의 대상이 바뀌어 떼쓰는 것을 잊어버릴 수 있다.

여기에 더해 부모가 "마이쮸 보라색으로 살까, 분홍색으로 살까? 포도 맛이 좋아 복숭아 맛이 좋아?" 하며 대화의 주제를 선택의 문제로 넓혀 더 구체적으로 선택지를 제시해준다면 아이는 어떤 마이쮸를 고를지 고민하며 더욱 신나게 과자 코너로 향할 것이다. 이처럼 부모는 아이에게 허용할 수 있는 범위를 정확하게 알려주어야 한다. 부모가 내 아이의 발달 시기를 잘 파악하고 그에 맞게 올바른 훈육을 할 때 부모가 하는 훈육의 타당성이 아이에게 인정받을 수 있다.

아이가 아이답게 자랄 수 있는 환경

아이의 호기심으로 나타나는 행동들에 "안 돼"란 금지어를 자주 사용하는 것은 아이의 문제행동을 줄이는 데 효과적이지 않다. 아이는 끊임없이 세상을 탐구하기 때문이다. 부모는 아이가 안전하고 경계를 지키기 쉬운 환경으로 주변을 꾸미고 만들어주어야 한다.

아이들은 세상을 배우는 과정에서 호기심과 탐구심으로 인해 끊임없이 말썽을 일으키는 존재다. 이때 부모가 아이에게 "안 돼"라고 반복적으로 말한다면 이는 아이의 호기심을 원천 차단하는 꼴이 된다. 이럴 때 부모가 아이를 위해 할 수 있는 일은 사전에 위험을 미리 예방할 수 있는 환경으로 바꿔놓는 것이다.

예를 들면 전기 콘센트에 안전 플러그를 설치한다거나 아이 손이 닿는 곳에 위험한 물건을 놓지 않는다든지, 책장 높이를 조절하여 아이가 책을 꺼낼 때 다치지 않게 한다든지 하는 것들이

이에 해당한다. 부모의 역할에는 가정환경에서 아이를 안정하게 지키는 일도 포함되어 있다.

어떤 부모는 아이의 안전은 전혀 고려하지 않고 부모의 취향과 개성에만 맞추어 실내를 꾸미곤 하는데, 이는 아이의 행동반경과 특성을 고려하지 않은 매우 안일하고 무책임한 행동이다. 이 경우 부모는 아이에게 "안 돼"란 말을 자주 쓸 수밖에 없기 때문이다. 아이에게 위험한 환경을 부모가 직접 만들어놓고는 아이의 행동을 제한하고 호기심을 막는 행동을 자초하는 셈이다.

부모는 아이를 보호하고 아이가 아이답게 자랄 수 있도록 환경을 제공해야 할 책임이 있다. 아이들은 하나하나 꼼꼼히 기억하고 조심하기에는 아직 어리고 미숙하므로 아이들이 경계를 지키기 쉬운 환경과 조건을 조성해주어야 한다. 앞에서도 예로 들었듯이 아이가 만지면 안 되는 물건, 이를테면 뾰족한 가위나 칼, 유리 장식품이나 작은 화분 등은 아예 아이 손이 안 닿는 곳으로 치우고 아이 키와 비슷한 가구의 모서리에는 폭신한 싸개를 해놓는 등 안전을 우선하는 데 주의를 기울여야 한다.

이런 장치들이 멋진 인테리어와는 반(反)할지라도, 아이가 자랄 때까지는 이를 철저히 지켜야 한다. 아이가 크면서 신체가 자연스럽게 발달하면 그만큼 행동반경도 넓어지고 지켜야 할 것들이 많아지므로 부모가 집 안에서 살필 일은 그만큼 많아진다.

아이의 행동 원인을 정확하게 파악하라

부모가 아이의 기질과 발달 정도에 따라 아이를 훈육해야 하는 이유는 같은 행동을 하더라도 발달 시기에 따라 그 원인이 달라지기 때문이다.

아이가 물건을 반복해서 던지고 떨어뜨리는 행위를 '놀이'로 이해하고 행동하는 것이라면 이때 부모가 아이를 혼내는 것은 적절하지 않다. 이때는 오히려 아이가 마음껏 던지고 놀 수 있는 공간이나 기회를 만들어 아이가 마음껏 그 행동을 할 수 있도록 해주는 것이 좋다.

이를테면 아이가 던져도 다치지 않을 수 있는 물건을 찾아 아이의 집어던지는 행위를 충족시켜주는 것이다. 이렇게 하는 것이 아이의 발달 과정에 훨씬 도움이 된다. 안전하게 공을 던지며 놀 수 있는 볼풀장을 거실에 마련해준다든지, 벽이나 바닥에 팅기면서 놀 수 있도록 여러 개의 가벼운 고무공을 쥐어주어도 좋다. 수영장에서 가지고 노는 튜브 형식의 공 역시 가볍고 잘 팅기므로 아이가 마구 던지며 놀기에 좋은 놀잇감이 된다.

그렇게 던지고 떨어뜨리는 놀이를 하다가 아이들은 어느 순간 더 이상 이런 행동에 흥미를 느끼지 않는다. 그러면 자연스럽게 던지는 횟수가 점차 줄어들고 더 발전된 놀이 방법으로 나아간다. 다만 이 시기는 아이마다 조금씩 차이가 있으므로 정해진 연령을 기준으로 삼지는 말자.

반면, 던지고 떨어뜨리는 행위가 특정한 발달 시기 때문이 아닌 경우가 있다. 이런 아이들은 자신의 의도를 엄마가 잘 이해하지 못해서 답답하거나 화가 난 마음을 표현하는 행위로 물건을 집어던지고 떨어뜨린다. 이는 전형적인 반항의 떼쓰기 행동으로 봐야 한다.

이런 아이들에게는 같이 흥분하는 모습을 보이지 말고 차분한 태도로 일관되게 말해주어야 한다. 아이를 똑바로 쳐다보면서 장난감을 던지는 것은 위험한 행동이고 절대 해서는 안 되는 행동임을 분명히 알려주어야 한다.

"장난감을 던지면 안 돼. 누가 옆에 있다가 맞을 수도 있고, 네가 다칠 수도 있어. 절대 던지면 안 돼"라고 단호하고 낮은 목소리로 정확하게 말해주는 것이 좋다. 또 아이가 화를 내는 동안에는 자리를 피하지 말고 거리를 두고 앉아서 아이의 화가 가라앉을 때까지 기다려주는 게 좋다. 그 후 아이가 진정하고 엄마에게 다가온다면 따뜻하게 안아주면서 "장난감 던지지 마. 위험해서 안 돼"라고 다시 한번 말해주고 아이가 되새길 수 있도록 해주면 좋다.

무한 반복은 당연하다

아이들은 어리고 감정이 미숙해서 떼쓰기 행동을 마음대로 한다. 그때마다 부모는 반복해서 알려주고 반복해서 배울 수 있도록 도와주어야 한다. 부모의 무한 반복 뒤에 비로소 아이가 배우고 익힐 수 있는 것이다.

"도대체 엄마(아빠)가 몇 번을 말하니?", "벌써 여러 번 말했을 텐데 또 그러네" 같은 말은 적절하지 않다.

부모는 아이를 훈육할 때 아이의 발달 수준에 적합한 행동인지, 아이 수준에 맞는 상황인지 늘 고려해야 한다. 발달 단계상 자연스럽게 나타날 수 있는 행동에 부모가 적절한 훈육과 지도를 해준다면, 아이는 제대로 된 훈육을 받으며 잘 성장할 수 있다.

원하는 대로 해주는 건
사랑이 아니다

훈육을 못하는 게 아니라 안 하는 부모

식당에 갔을 때의 일이다. 한 아이가 식당 안을 이리저리 돌아다니며 수저통의 수저를 식탁에 전부 꺼내 놓았다. 아이를 데려온 부모는 이야기를 나누느라 아이를 돌보지 않았다. 홀 담당 직원은 아이의 행동을 보고 난감해했다. 다른 손님들도 사용해야 하는 수저를 아이가 모조리 손으로 만지는 바람에 다시 닦아야 했기 때문이다.

아이는 자기가 수저통에서 수저를 전부 꺼내놓은 행동이 문제라고 생각하지 못하고 있었다. 그저 해맑은 얼굴로 지루함을 달래기 위한 놀이 정도로 생각하고 있었다. 이때 부모는 아이의 행동이 식당에서 지켜야 하는 경계선이 넘었다는 것을 알려주어야 한다. 아이는 스스로 자기 잘못을 판단하고 깨닫기에 어려움이 있기 때문이다.

그 부모가 당장 했어야 할 일은 적극적으로 아이의 행동에 개입해서 식당에서 지켜야 할 규칙과 하지 말아야 할 행동의 경계선을 명확히 알려주는 것이었다. 하지만 그들은 아이의 행동을 확인하고도 별다른 사과도 없었고 아이의 행동을 제지하지도 않았다. 오히려 아이가 꺼내놓은 수저를 수저통에 다시 집어넣으며 아이와 함께 숫자 세기 놀이를 시작했다. 분명히 아이의 훈육이 필요한 상황에서 아이의 행동을 놀이화하면서 놀아주기를 택한 것이다. 그 장면을 본 직원은 기분이 상한 모습이 역력했지만, 부모가 나서서 그러고 있으니 제지하지도 못한 채 난감해하고 있었다.

이런 경우 부모가 취해야 할 적절한 행동은 무엇일까?

가장 먼저 식당 직원에게 "죄송합니다" 하고 부모가 솔선해서 사과하는 일이다. 그리고 아이에게 숟가락과 젓가락은 식사할 때 쓰는 것이고 또 남의 물건이니 함부로 가지고 놀아서는 안 된다는 사실을 명확히 알려주는 일이다. 그리고 난 뒤에 아이가 또다시 장난을 치지 못하도록 수저통을 아이 눈에 보이지 않는 곳으로 멀리 치워두어야 한다.

아이가 다시 수저를 가지고 놀 수 있는 요인을 다 제거했다면, 이번에는 다른 놀이를 할 수 있도록 도와줄 차례다. 예를 들어

직원에게 종이와 펜을 빌려서 그림을 그릴 수 있도록 대체 놀이를 만들어주든지 메모지를 달라고 해서 종이접기를 한다든지 해서 아이가 몰두할 수 있는 다른 방법을 제시해주어야 한다. 아이를 무조건 꼼짝 못하게 하라는 이야기가 아니다. 아이에게는 수저통 말고도 놀 수 있는 여러 가지가 있다는 것이다.

아이에게 배울 기회를 빼앗는 부모가 되지 말자

부모는 아이가 원하는 행동이라도 주변 사람들에게 피해를 주는 행동일 경우 아이에게 잘못된 행동임을 즉각 알려주어야 한다. 아이가 나쁜 마음으로 한 행동은 아닐지라도 다른 사람에게 피해를 주는 행동은 엄연히 잘못된 행동이다.

당시 식당에 있던 손님들은 그 부모의 태도를 보고 혀를 내둘렀다. 이 경우 부모는 훈육을 못하는 게 아니라 아예 안 하는 것이다. 아이에게 무조건 허용하고 아이 편에만 서는 부모는 아이가 올바르게 성장할 수 있는 길을 방해하는 격이다. 아이가 공공장소에서 예절과 규칙에서 벗어난 행동을 했을 때 부모는 적절한 훈육을 통해 해야 되는 것과 해서는 안 될 행동에 대해서 경계선을 알려줄 책임이 있는데, 그들은 이를 전혀 인지하지 못하고 있었기 때문이다.

계몽기의 프랑스 철학자이자 교육학자인 장자크 루소는 "어린이를 불행하게 하는 가장 확실한 방법은 언제든지, 무엇이라도 손에 넣을 수 있게 내버려두는 것이다"라고 했다. 부모의 허용적인 태도가 아이를 가르쳐야 할 때 가르치지 못하고, 아이에게 배워야 하는 기회조차도 빼앗은 건 아닐까?

아이의 행동 습관은 유아기 때 만들어진다. 부모의 훈육 태도에 따라 아이가 하는 행동 방향은 얼마든지 달라질 수 있다. 부모의 허용적인 태도가 과연 아이가 가정의 울타리를 벗어나 타인과 함께 어울려 살아갈 때 도움이 될까? 아니다. 부모는 적절한 통제 또한 아이를 위한 사랑의 마음임을 알려줘야 한다.

때와 장소에 맞는 적절한 행동, 타인에게 지켜야 하는 규칙과 태도 등을 어려서부터 몸에 배게 가르치고 아이가 헷갈리지 않게 안내해야 한다. 그것이 아이를 위한 부모의 역할임을 잊지 않기 바란다.

한순간의 선택이 아이에게는 습관으로 남겨진다

언젠가부터 식당에서 밥을 먹는 아이들의 풍경이 많이 달라진 것을 볼 수 있다. 바로 어른들은 식사를 하고 아이들은 스마트폰 삼매경에 빠져 있는 풍경이다. 공공장소에서 부모가 어린 아이에게 가장 가르치기 힘든 것은 아마 가만히 앉아 식사하도록 하는 일일 것이다. 아이들은 이유가 있어도, 또 이유가 없어도 자주 짜증을 내거나 보챈다. 하지만 요즘 부모들에게는 마법의 비책이 있다. 스마트폰을 아이 손에 쥐어주는 일이다. 지루함에 짜증을 부리던 아이가 한순간에 조용해지는 마법이 탄생하는 순간이다.

스마트폰의 유해성에 대한 우려는 차고 넘친다. 하지만 공공장소에서 아이가 마냥 떼를 쓰면 부모는 난처할 수밖에 없다. 그래서 식사 시간만이라도 조용히 시키기 위해서 스마트폰을 쥐어줄 수밖에 없는 답답한 마음을 호소하곤 한다. 하지만 스마트폰을 보여주는 순간 아이는 다른 환경에는 집중하지 못하고 오로지 액정 화면만 바라보게 된다. 결국 아이는 스마트폰에 집중하고 엄마는 아이의 입에 음식을 떠먹여주는 장면이 연출된다. 이런 풍경을 연출하려고 애써 가족 외식을 하러 나온 것은 아닐 텐데 말이다.

부모는 공공장소에서 예절을 지켜야 된다는 마음에서 아이에게 나쁜 걸 알면서도 스마트폰을 쥐어주었다. 그러나 이 순간 부모가 아이에게 키워준 습관은 가만히 앉아서 식사하는 습관이 아니다. 아이에게 식사 시간에 스마트폰을 봐도 된다는 나쁜 식사 습관을 알려준 셈이다.

어린아이는 모든 순간의 행동이 습관으로 굳어지기 쉬운 존재다. 따라서 부모가 짧은 생각으로 선택한 한순간의 결과가 앞으로 큰 부작용으로 남을 수 있음을 명심해야 한다. 부모 생각에는 짜증 난 아이를 달래기 위한 최적의 방법이라고 생각해서 보여준 것이겠지만, 이는 부모가 해줄 수 있는 가장 '쉬운' 방법일 뿐이다. 엄마 또는 아빠는 얼마든지 다른 방식으로 아이의 주의를 돌리고 아이가 배워야 할 식사 예절을 가르칠 수 있었지만 편안함을 택한 것이다. 이 방법을 바꾸지 않는다면 편안함의 대가는 아이의 나쁜 식사 습관으로 돌아올 것이다.

모래시계로 식사 습관을 잡아라

아이들은 가만히 앉아 있는 존재가 아니다. 조신함을 아이에게 기대하는 것은 욕심이고 무리다. 만약 공공장소에서 식사하게 될 경우라면 부모는 미리 상황을 예측하고 준비해야 한다. 아이가 하게 될 행동, 아이가 보일 지루함의 시간을 예측하고 여기에 대비할 수 있는 물건을 준비하는 것이 현명한 부모가 할 일이다. 예를 들어 외출할 때 아이가 좋아하는 책이나 장난감을 챙겨간다든지 아이가 몰두할 만한 그림책을 가져가는 것 등이다.

아이들이 식당에 있는 동안 지루함과 심심함을 느끼지 않을 방법은 스마트폰 말고도 얼마든지 있다. 내 아이가 좋아하는 것을 두세 종류만 가방에 넣어간다면 식사 예절도 가르치고 좋은 습관도 들일 수 있다.

아이들은 당연히 조절 능력이 미숙하다. 그렇기에 부모는 아이가 앉아서도 시간을 견딜 수 있도록 조절 능력을 키워주는 일에 관심을 기울여야 한다. 아이들의 조절력을 키우는 데에 나는 3분 모래시계를 권한다. 모래가 위에서 아래로 떨어지는 3분 동안 아이에게 어떤 행동을 참으라고 제안한다. 그런 뒤 회를 거듭하면서 점차 횟수를 늘려가면 아이들은 조절력을 연습할 수 있다.

식당에서 모래시계를 이용하는 방법은 간단하다. 먼저 아이에게 '모래시계'를 꺼내 보여준 뒤 이렇게 말한다.

"모래시계 놀이를 할 거야. 모래가 위에서 아래로 다 떨어질 때까지 가만히 앉아서 밥 먹는 놀이지. 형이랑 너랑 같이 할 건데 누가 먼저 시작해볼래?"

그런 다음 아이에게 모래가 아래층으로 다 떨어질 때까지 밥을 먹도록 유도한다. 꼭 형제나 자매가 아니어도 상관없다. 외동아이라면 이렇게 제안해보자.

"모래가 위에서 아래으로 떨어질 때까지 밥 두 숟갈 하고 반찬 두 입 먹기 해볼까?" 하면서 식사 시간을 재미있는 놀이 시간으로 바꾸어주기만 하면 된다.

이 모래시계는 아이들의 발달 시기에 맞게 조절할 수 있다. 형이라면 모래시계가 위에서 아래로 한 번, 그다음 뒤집어서 또 한 번 하는 식으로 두 번(6분)까지 밥을 먹고 동생은 한 번(3분)만 먹는 등 아이에 따라 횟수를 달리 적용하면 된다. 주의할 점은 아이가 둘이라면 모래시계가 두 개, 셋이라면 세 개를 준비해야 한다는 것이다. 아이들은 의외로 이 놀이를 즐기면서 서로 경쟁하려 할 것이다.

"형이 모래시계 두 번 했어? 그럼 나는 세 번 할래!" 하며 밥 먹기 경쟁을 한다면, 그날의 외식은 지루하고 짜증 나는 시간이 아니라 재미있고 유쾌한 시간으로 모두에게 기억될 것이다.

스마트폰 대신 놀잇감을 가방에 넣자

어린 시절에 이러한 미숙함을 적절한 훈육으로 바로잡지 못하면 초등학생이 되어서는 이런 행동이 훨씬 더 뚜렷해진다. 2장에서 생활 습관이 잡히지 않은 채로 초등학교에 들어간 아이들이 겪는 어려움을 이야기했듯이, 잘못된 습관이 자리 잡힌 초등학생들은 학교생활에서 전반적으로 어려움을 겪게 되기 때문이다.

어릴 때는 어린아이의 특성이라 이해하고 넘어가던 일도 초등학생이 되면 용인받지 못하므로, 아이가 느낄 어려움은 더 클 수 있음을 부모들은 알아야 할 것이다.

앞서 이야기한 모래시계 말고도 아이가 주변에 피해를 주지 않으면서 즐겁게 시간을 보낼 수 있는 놀이는 많다. 캐릭터 색칠놀이나 미로 찾기, 미니 퍼즐, 스티커 붙이기 놀이, 좋아하는 책

등은 간단히 할 수 있는 놀이이니, 내 아이가 좋아하는 것을 준비해서 가기를 권한다. 엄마가 미리 준비하지 않고 급한 마음에 편안한 대안으로 스마트폰을 쥐어주기를 반복했다면 이제라도 가방에 아이를 위한 준비물을 채울 때다.

감정을 절제하고
일관성을 보여라

누구나 어릴 때가 있었다

부모는 아이에게 훈육을 하려고 할 때 훈육을 할 것인지 화를 낼 것인지 구분하는 일이 필요하다. 예를 들어 짧고 분명히, 낮은 목소리로 천천히 하는 "그거 하면 안 돼"와 감정을 실어 격하게 "그거 하지 말라고!"라고 반응하는 것은 아이가 받아들이기에 똑같은 훈육이 아니다. 부모의 표정과 말투에 감정이 함께 나타나기에 후자의 경우 아이의 기억에 남는 것은 부모의 화난 표정과 거친 말투뿐이기 때문이다. 그렇게 된다면 앞서 부모가 말했던 훈육 내용에 대한 기억은 까맣게 사라지고 만다. 그리고 아이는 부모의 훈육을 통해 제대로 익히고 배울 수 없게 된다.

더러는 격한 훈육의 후유증이 아이에게 남을 수도 있다. 부모가 자기에게 했던 방식대로 어린 동생에게 그대로 한다든지, 친구들에게 격하게 반응할 수도 있다. 따라서 부모가 제대로 훈육을 하고자 한다면 맨 먼저 감정을 절제하고 일관적인 태도를 고수하는 일에 집중해야 한다.

어른도 처음부터 어른이 아니었다. 자신이 아이였을 시절을 기억하기 바란다. 아이에게 나쁜 말투가 형성되었다고 아이를 지적하기 전에 아이에게 비친 부모의 표현 방식이 어떠했는지도 되돌아보아야 한다.

어린아이들의 이야기꾼인 영국 작가 로알드 달은 "손을 내리고 무릎을 꿇고 몇 주만이라도 어린이들처럼 살아보면, '어떤 일은 하라', '어떤 일은 하지 마라'라고 늘 명령하는 거인을 항상 올려다보고 살아야 한다는 사실을 알게 될 것이다"라고 말했다. 나는 이 말을 읽고 '아이들의 마음을 이렇게 잘 대변해주는 말이 있을까?'라고 생각하며 아이의 입장에서 비로소 어른을 생각해볼 수 있었다.

권위적인 부모 vs 권위 있는 부모

권위적인 부모와 그렇지 않은 부모, 뭐가 다를까? 권위적인 부모는 아이를 통제하고 지배한다. 그리고 이런 부모에게서 자라난 아이는 부모에게 훨씬 냉담한 감정을 느낀다. 권위적인 부모 밑에서 큰 아이는 부모에게서 늘 위축되고 불안한 감정을 느낀다. 눈치를 봐야 하는 일상 또는 스스로 결정하거나 선택할 수 있는 일이 거의 없는 일상을 보내면서 아이는 점점 작아지고 주눅 들고 초라해진다. 부모가 처놓은 통제와 규제의 울타리에 갇혀버린다. 이런 아이는 부모가 잘못을 지적하거나 훈육할 때 자신의 잘못을 되돌아볼 기회가 없다. 매번 부모의 눈치를 보고 기분을 살피는 탓에 자기 마음을 들여다볼 여유가 없기 때문이다.

반면 권위 있는 부모는 아이에게 온정적인 태도를 보인다. 그러면서도 아이가 해야 할 것과 하지 말아야 할 것을 확실하게 알려준다. 이런 부모에게서 자라난 아이는 부모에게 신뢰와 애정의 감정을 지닌다. 부모와의 관계도 나쁘지 않다. 부모는 아이를 지지하며 동시에 아이가 지켜야 하는 경계선을 명확하게 알려주고 익히도록 도와준다. 그러기에 아이는 부모의 제안에 늘 적극적으로 협조하고 이를 지키기 위해 애쓴다.

권위 있는 부모 밑에서 자라난 아이는 부모가 통제하는 상황이 와도 이를 나쁘게 받아들이지 않고 자신의 행동이 잘못되었음을 인정하고 바로 깨닫는다. 부모의 권위를 인정하고 부모의 훈육을 있는 그대로 받아들이는 것이다. 이게 바로 제대로 된 훈육이다.

권위적인 부모가 될 것인가, 권위 있는 부모가 될 것인가? 아이에게 무조건적인 복종을 바라는 부모가 되어 아이를 아무것도 못하는 '어른 아이'로 자라게 할 것인가 아이에게 경계선을 확실하게 알려주어 제대로 된 어른으로 자라게 할 것인가?

감정이 서툴다고 행동이 잘못된 것은 아니다

아이들이 느끼는 '감정'에는 잘못이 없다. 부모는 흔히 아이의 감정 표현과 아이의 잘못된 행동을 구분 짓지 않고 하나로 통일해서 생각하는 오류를 범한다. 누구나 슬프고 외롭고 화가 나면 분노할 수 있다. 이런 마음은 잘못된 마음이 아니다. 이때의 감정은 자연스러운 것이다. 다만, 아이가 분노를 표현할 때 격하게 하거나 스스로를 위험하게 하거나 또는 남을 위험하게 하는 행동으로 표출했다면 이 부분에 대해서 부모가 알려주어야 한다.

다만 이때는 부모가 아이의 잘못된 행동에만 집중하여 지적하거나 혼을 내면 안 된다. 강압적인 훈육 태도 역시 아이의 감정에 더 큰 파도를 일으킬 것이므로 하지 말아야 할 태도다. 부모가 가르쳐야 할 부분은 첫째, 아이가 그런 감정(분노)을 느끼게 된 원인이 무엇인지 물어보고 둘째, 그 마음을 위로한 뒤 셋째, 화를 낼 때는 '제대로 된' 방식으로 화를 내야 한다는 사실을 알려주는 일이다.

예를 들어 화가 났을 때 엄마를 때리는 아이가 있다. 이 아이의 잘못된 행동은 '엄마를 때리는' 행동이지 '화가 난 사실' 자체가 아니다. 하지만 엄마가 무턱대고 "너 어디 엄마를 때려? 또 그럴래?" 하면서 다그치고 혼을 낸다면, 아이는 자기 감정이 잘못된 것인지 자기 행동이 잘못된 것인지 전혀 알 수 없게 된다. 이런 경우 부모는 아이의 화난 마음을 감정 언어로 먼저 표현해주어야 한다.

"엄마가 못하게 해서 화났구나? 그런데 엄마를 때리는 행동은 절대 하면 안 되는 행동이야. 엄마 말고도 어느 누구도 때리는 것으로 화를 내서는 안 돼"라고 정확히 말해주어야 한다.

아이는 아직 감정의 옳고 그름을 판단하기가 어렵기 때문에 자기의 감정과 생각을 언어로 표현하기 힘들다. 그렇기에 부모가 제대로 된 올바른 감정 표현법을 알려주어야 한다. 그런 과정 없이 아이의 행동에만 초점을 맞춰 훈육하게 되면 아이는 다음번에도 똑같은 방식으로 화를 표출하게 되고 잘못된 감정 표현 행동은 제자리에 멈춰버릴 것이다.

비일관적인 태도로는 배움을 주지 못한다

아이에게 적절한 교육을 하기 위해서는 일관적인 태도가 필수다. 예를 들어 한 아이가 엄마와 하루 한 시간만 TV를 보기로 약속했다. 그런데 어느 날 이웃집 아줌마가 놀러와서 엄마는 아줌마와 수다를 떨기 바빴다. 한 시간이 지났을 때 아이는 엄마에게 "엄마, TV 다 봤어요. 이제 놀이터에 놀러 나가면 안 돼요?"라고 물었다. 그런데 손님이 와 있어서 같이 나가줄 수 없었던 엄마가 "오늘은 TV 더 봐도 돼"라고 하면서 TV를 세 시간 가까이 틀어주었다.

다음 날, 아이가 TV를 한 시간 시청한 뒤, 엄마에게 오늘도 TV를 좀 더 보여달라고 말했다. 그런데 이번에는 엄마가 "○○아, 우리 TV는 하루에 한 시간만 보기로 약속했잖아? 왜 그 규칙을 어기지?"라고 아이에게 말한다면 상황에 따라 변하는 엄마의 모습에 아이는 혼란스러울 수 있다.

어떤 날은 절대 한 시간 이상은 안 된다고 해놓고 어떤 날은 세 시간도 괜찮다고 한다면 아이 입장에서는 기분에 따라 편의에 따라 마음대로 규칙이 달라진다고 생각할지도 모른다. 아이가 좀 더 크면 "맨날 엄마 마음대로야"라며 엄마에게 반항할 수도 있다. 그러고는 엄마는 약속이 뒤죽박죽인 사람이라는 안 좋은 인식이 자리 잡으면서 엄마의 훈육이 영영 효력을 잃어버릴 수도 있다.

이런 일관성이 무너진 규칙은 더 이상 규칙이 아니다. 만약 손님이 와서 정해진 규칙을 바꾸어야 한다면 부모는 아이에게 충분히 사정을 설명하고 아이에게 양해를 구해야 한다.

"원래는 한 시간만 보는 게 규칙이지. 그런데 오늘은 손님이 오셨고 엄마는 손님과 더 이야기해야 해서 놀이터에 나가줄 수 없어. 그러니 미안하지만 오늘만 좀 더 보는 건 어떨까?"

이런 식으로 아이에게 특별히 시간을 더 허용해주는 것에 대해 잘 설명하고 말해주어야 한다. 비일관적이고 감정적인 훈육을 아이들은 알아차린다. 아이에게 훈육을 하는 이유는 깨달음과 배움을 주기 위함이다. 그 방법은 일관성과 올바른 방식에서 오는 것임을 잊지 말자.

솔로몬 같은
해결사가 되자

"뭐 먹을래?" 말고 "피자 먹을래, 치킨 먹을래?"

아이들은 현실적인 상황을 파악해 조절할 수 있는 힘이 부족하다. 이때 부모가 도와줄 수 있는 방법으로 '솔로몬의 선택 질문법'이 있다. 이는 아이들에게 선택권을 부여하고 책임감을 길러주며 또 아이들을 존중하는 매우 합리적인 방법이다.

'솔로몬의 선택 질문법'은 아이가 스스로 선택하고 결정할 수 있도록 여러 선택지를 주고 고르게 하는 방법이다. 부모가 강압적으로 무조건 억제하려는 방식이 아니라서 아이들이 쉽게 받아들이며 또 부모가 자신들을 존중한다는 느낌을 줄 수 있기에 잘 통한다.

이때 유의할 점은 부모가 선택 질문을 제시할 때 '개방적 질문'

을 피하는 것이다. 부모가 자신들을 존중한다는 이유로 개방적인 질문을 했을 때 아이들은 오히려 선택을 혼란스러워할 수 있기 때문이다. '개방적 질문'은 범주가 제시되지 않고 자유롭게 대답할 수 있는, 즉 선택의 자유가 주어지는 질문이다. 반대로 '폐쇄형 질문'이 있는데 이는 제한된 선택지에서 답하게 하는 질문이다.

예를 들어 아이에게 "뭐 먹을래?"라고 묻는 것이 개방적 질문이고 "불고기 먹을래?"라고 꼭 집어 묻는 것이 폐쇄형 질문이라고 할 수 있다. 아이에게 개방적인 질문을 하게 되면 아이는 오히려 선택의 양이 방대해져 선택하기 힘들어할 수 있다. 이럴 경우 부모는 아이에게 "피자 먹을래? 치킨 먹을래?"라고 구체적으로 메뉴를 지정해주고 선택하게 해준다면 아이는 더 쉽게 선택할 수 있다.

이때 한 발 더 나아가 만일 아이에게 오늘 건강한 밥상을 먹이고 싶다면 자연스럽게 "오늘 메뉴로 불고기 덮밥 먹을래? 비빔밥 먹을래?" 하는 식으로 유도 질문을 할 수도 있다. 이 방법은 아이에게 건강한 음식을 먹이고 싶은 부모의 의도를 성공시키면서 아이들에게는 자신이 직접 선택한다는 자기 주도성까지 가르칠 수 있어 좋다. 부모도 아이도 모두 다 긍정적인 선택을 할 수 있도록 하는 합리적인 방법이다.

작은 선택의 질문으로 판단의 힘을 키우자

선택지가 자유로운 개방형 질문이 혼란을 주는 것은 어른도 마찬가지다. 어른 중에서도 선택을 잘 하지 못하는 '결정 장애' 어른들이 많다.

인생에는 수많은 선택의 문이 존재한다. 선택을 제대로 할 수 있는 힘을 길러주는 일이 필요한 것은 이 때문이다. 일상에서 하는 작은 선택이지만 이런 힘이 쌓이면 아이는 좀 더 큰 사회로 나아가 사람들과 섞이고 관계를 맺을 때 주도적으로 결정할 수 있는 힘을 키울 수 있다.

주도성이 강한 아이로 자란다면 언제, 어느 곳에서도 자기 입장을 당당하게 말하고 내세울 수 있는 힘도 발휘할 것이다. 결정할 수 있는 힘이 약하다는 것은 낮은 자존감을 드러내는 지표이기도 하다. 결정을 잘 못하는 아이에게 부모가 해주어야 할 일은 일상생활에서 선택할 수 있는 기회를 자주 만들어주는 것이다. '솔로몬 같은 질문'을 자주, 영리하게 해줄 기회를 만들어 아이에게 연습하도록 해야 한다. 그러면 아이는 직접 선택하고 판단하는 연습을 하며 결정의 힘을 기르게 될 것이다. 이는 아이가 커갈 때 올바른 선택을 할 수 있는 밑거름이 되어줄 것이다.

아이의 마음속 수수께끼를 풀어라

자주 화내고 짜증을 내는 아이들이 있다. 이런 아이들의 특징은 한번 화가 나면 그 화와 짜증을 쉽게 멈추지 않는다는 데 있다. 마음이 나쁜 쪽으로 흐르는 것을 멈추지 못하는 탓이다. 이런 아이들에게는 부모가 브레이크 역할을 해주어야 한다. 아이의 화내고 짜증 내는 행동을 멈추게 하고 아이의 마음을 조절할 수 있는 역할을 해야 한다.

이때 가장 염두에 두어야 할 것은 부모의 관점을 바꾸는 일이다. 부모의 관점과 행동에 따라 아이의 짜증은 더 나아갈 수도 중간에 멈출 수도 있다. 이를 위해서 부모는 아이의 마음속에 숨어 있는 긍정적인 의도와 감정의 수수께끼를 찾아서 풀어야 한다. 아이의 행동에는 아이의 가치관과 신념이 묻어 있다.

놀이터에 나갈 때마다 짜증을 내는 아이가 있었다. 왜 짜증을 내냐고 묻자 아이는 이렇게 대답했다.

"같이 놀 친구가 하나도 없잖아."

이에 엄마가 "왜 없어? 저기도 있는데"라고 하자 아이는 "싫어"라고만 한다. 이때 부모가 아이에게 그래도 한번 더 말해보라고, 네가 먼저 다가가라고만 한다면 아이는 쉽게 짜증을 가라앉히기 힘들다. 이때 부모가 할 일은 부모 자신의 관점을 바꾼 후, 아이에게 다른 관점을 가질 수 있도록 도와주는 일이다.

"친구가 거절할까 봐 걱정돼? 그래서 먼저 놀자고 물어보기 불편하구나?"라고 먼저 아이 마음의 의도를 읽어준다. 혹은 아이가 거절당해도 긍정적으로 생각할 수 있도록 "거절당해도 괜찮아, 모든 사람이 다 내 마음과 맞을 수는 없는 거야"라고 안심시켜주며 아이에게 다른 관점에서도 생각해볼 수 있도록 이야기해주어야 한다.

부모는 아이에게 이미 충분히 잘하고 있음을 일깨워주는 역할을 해야 한다. 훈육은 고래도 춤추게 한다는 '칭찬'과 함께 어우러져야 한다는 사실을 잊지 말아야 한다.

부모가 아이에게 잘못된 행동만 인식시키고 지적했을 때 아이에게는 큰 변화가 나타나지 않는다. 하지만 부모가 아이의 문제행동과 상황을 함께 바라봐줄 때 아이는 부모에게 미안함과 동시에 반성하려는 마음을 깨닫게 되고 변화된 행동을 다짐하는 마음이 생길 수 있다. 아이의 긍정적인 의도와 강점을 찾아 바르게 행동할 수 있도록 아이를 이끌어주자. 진정한 훈육을 받은 아이들은 부모를 원망하거나 무서워하지 않는다.

유행하는 또래 용어는 대체 언어와 함께

욕하는 아이가 점점 많아진다. 욕을 처음 하는 나이도 점점 낮아지고 있다. 부모들은 아이들의 욕에 어떻게 대처해야 할까?

아이들은 대개 나쁜 의도로 욕을 하기보다는 유행에 따르기 위해 욕을 쓴다. 특히 요즘은 또래 집단에서 '욕'하는 일이 일종의 문화가 되면서 공격성이 높지 않은 아이들도 욕을 사용하는 경우가 많아졌다. 가족과 함께 보는 12세 이상 관람 가능 프로그램에서조차 "미쳤나 봐"와 같은 단어들을 출연자들이 자유롭게 쓰는 모습을 볼 수 있다. 욕인지 욕이 아닌지조차 구분이 되지 않는 '센' 언어 표현이 넘쳐나다 보니 아이들이 물드는 것은 어쩌면 당연한 일일 것이다.

다음은 유치원에 다니는 어느 아이의 이야기다. 유치원에서 돌아온 아이가 친구가 초콜릿을 줬다며 자랑했다. 여행지에서 사온 초콜릿을 유치원 친구들에게 모두 나누어주었다는 것이다.

"그래? 무슨 초콜릿인데?"

엄마가 묻자 아이는 초콜릿 상자를 꺼내더니 자랑하듯 이렇게 말했다.

"이거야 엄마. 이 초콜릿 미쳤어! 맛도 완전 미쳤어!"

아이 입에서 나온 "완전 미쳤어"라는 말에 엄마가 놀라서 "아니, 왜 그렇게 말해? 그런 말 하면 못 써!"라고 정색하고 혼부터 낸다면 아이의 마음은 어떻게 될까? 초콜릿을 받아서 기분이 좋던 마음이 한순간 무너지면서 기분이 나빠질 것이다. 게다가 유치원 친구들은 다 쓰는 말인데 왜 혼이 나야 하는지 억울한 마음도 들 수 있다.

이런 경우 엄마는 훈육부터 하기보다는 "와~ 정말 근사한데?

완전 멋져! 완전 맛있겠네"라며 아이가 써야 할 제대로 된 표현으로 화답해주는 게 좋다. 아이들은 '미쳤어'란 말을 '아주', '정말', '너무너무'라는 의미로 쓰는 것이라 아이를 지나치게 혼내거나 정색하면서 반응하는 것은 좋지 않다. 그냥 엄마가 대체할 수 있는 단어와 표현들로 아이의 말에 맞장구를 쳐주자. 그러고 나서 조금 지난 뒤 아이에게 '미쳤어'라는 말은 그다지 듣기 좋지 않다고, 그런 말보다는 '정말', '근사해', '아주', '진짜로' 같은 말이 듣기 더 좋고 풍성한 표현이라고 말해주면 좋다.

어느 세대건 유행하는 또래 언어가 존재한다. 아이들이 또래 문화 속에서 함께 즐기고 공유하는 말을 무조건 못하게 할 수는 없지만 부모가 아이에게 올바른 표현법을 알려주고 그 말이 갖는 의미를 알려주는 일은 반드시 필요하다.

엄마로서 좋은 언어를 쓰고 있을까

부모는 아이가 상스럽거나 지나치게 이상한 유행어를 쓸 경우, 이를 쉽게 이해하기도 또 받아들이기 어려울 수도 있다. 하지만 답답하고 속상하더라도 인내심을 갖고 아이를 기다려주어야 한다.

단, 그 기다림이 너무 오래면 안 된다. 3~4분 정도만 시간을 주고 그 시간 내에서 아이와 바로 그 '말'에 대해서 이야기를 나누어야 한다. 아이가 스스로 기억해낼 수 있을 만큼의 시간 내에서 잘못된 부분을 교정하는 일이 이루어져야 하기 때문이다. 그리고 아이의 눈높이에 맞추어 유행어 중 욕이 포함된 것들이 왜 안 좋은 건지 쉽게 설명해주어야 한다.

이런 교육은 일상에서 얼마든지 가능하다. 아이와 함께 미디어를 시청하다가 적절하지 않은 표현이 나왔다면 자연스럽게 아이가 이해할 수 있는 선에서 적절한 표현법으로 그때그때 바로 말해주는 방법도 효과적이다.

예를 들어 예능 프로그램을 보는데 출연자들이 서로 '바보', '멍청이', '머저리' 같은 말들을 주고받는다면 바로 아이에게 "○○는 이런 말 들으면 기분이 어떨 것 같아?"라고 아이의 생각을 물어본다. 아이가 별 말 하지 않는다면 "엄마는 이런 말 들으면 속상하고 슬플 것 같아. 친구나 다른 사람들에게 저렇게 말해도 될까?"라고 아이의 생각을 유도한다.

그런 뒤에 이런 표현들은 다른 사람의 마음을 아프게도 할 수 있으니 저런 표현을 쓰기보다는 "화나요, 속상해요, 기분 나빠요라고 말해주면 더 좋을 것 같아"라고 말해준다.

아이의 언어는 주변 사람들의 영향을 가장 많이 받는다. 그리고 주변 어른 중 가장 가까운 이는 부모다. 부모는 아이에게 화가 날 때 아이를 비난했던 적은 없었는지, 부부싸움 도중에 거친 언어를 사용한 적은 없었는지 시시때때로 돌아보는 일이 필요하다. 만약 부모가 실수로 내뱉은 말 중에 욕이 섞였다면 바로 아이에게 잘못을 인정하고 진심을 다해 사과해야 함은 물론이다. 가는 말이 고와야 오는 말이 곱다는 속담은 아이들에게도, 부모들에게도 똑같이 공평하게 적용되어야 한다.

4장

감정표현
잘하는 아이가
사회성도 좋다

아이가 보내는
스트레스 신호를 파악하라

아이들도 스트레스를 피하고 싶어 한다

어린아이도 스트레스를 받는다. 자신이 하고 싶은 일이 잘되지 않을 때, 자기 마음대로 일이 이루어지지 않을 때 등 어른의 스트레스 원인과 같다.

아이가 자신의 생각을 말로 표현하는 시기에는 많은 호기심과 탐구력이 발달한다. 이때 부모의 과도한 통제는 아이에게 불안감과 수치심, 분노 등을 느끼게 할 수 있다. 아이에게 스트레스의 악순환이 반복되면 언어 발달과 사회성 발달 등에 악영향을 끼칠 수 있다.

어른 같은 경우 스트레스가 쌓일 때 자신만의 방법으로 스트레스를 해소시킬 수 있다. 그러나 아이는 자신이 스트레스를 받고 있다는 것 자체도 인식하기가 어렵다. 부모는 아이가 이유 없는 복통이나 퇴행(현재의 불안함을 미성숙한 행동으로 대처하는 것) 현상 등을 보인다면 스트레스의 신호라고 생각해야 한다. 이때 부모가 해주어야 할 일은 아이의 마음에 적절한 관심을 표현해주는 것이다. 부모가 아이의 행동을 무관심하게 대하거나 알아봐주지 않을 경우 아이의 스트레스는 해소되지 않고 그대로 마음속에 '차곡차곡' 쌓일 수 있다.

이를 위해서 부모는 아이에게 나타날 수 있는 스트레스 신호를 알아볼 수 있어야 한다. 아이가 그림을 그리거나 놀이 활동을 할 때 자연스럽게 말하고 행동하는 것들을 파악하며 아이 마음속에 잠재된 스트레스의 표현을 읽어보는 것도 한 방법이다.

부모는 아이가 겉으로 스트레스를 표현하면서 스트레스에 맞서서 해결할 수 있는 방법을 알려줄 필요도 있다. 그리고 무조건 아이의 스트레스에 즉각 반응하기보다는 한 발짝 뒤로 물러나 기다려주는 일도 필요하다. 총체적으로 아이가 스트레스 자체를 잘 알고 극복할 수 있도록 도와주는 역할을 하는 게 아이의 화병(火病)을 다스리는 부모의 역할이다.

스트레스를 안 받고 평생 살 수 있는 사람은 없다. 어린아이도 마찬가지다. 스트레스에 적응하며 이를 효과적으로 해소할 수 있도록 부모가 도움을 준다면 아이는 스트레스를 건강하게 받고 건강하게 해소해가면서 자연스럽게 성장할 수 있을 것이다.

아이의 스트레스 신호를 해독하라

아이들은 스트레스 신호를 행동으로 나타낸다. 아이가 이유 없이 자주 울거나 이유 없이 화를 내는 경우가 많아졌다면 '혹시 우리 아이가 스트레스를 받고 있나?'를 의심해보자. 그런 뒤 아이를 살펴 스트레스 원인을 확인해보자.

부모가 아이의 행동에만 초점을 맞추고 야단을 칠 경우 아이의 진짜 스트레스는 점점 쌓이고 이는 내면에서 화병으로 굳어질 것이다. 이렇게 되면 아이는 작은 일에도 쉽게 짜증을 내거나 화를 내는 횟수가 더 증가하고 동생을 때리거나 친구 또는 엄마를 때리는 폭력적인 모습으로 나타날 수 있다. 그래서 부모가 아이의 행동보다 아이 마음의 원인을 파악하는 일이 중요하다.

아이는 표현력이 부족해서 스트레스와 같은 힘든 마음을 제대로 표현하지 못한다. 이 상태가 지속되면 신체적인 증상으로 나타나기도 하는데, 하루에 화장실을 무수히 들락날락하는 빈뇨 또는 대소변을 잘 가렸다가 다시 못 가리게 되는 야뇨증 등이 대표적인 증상이다.

손톱을 물어뜯거나 코를 파는 행동 등의 습관도 스트레스의 신호다. 이런 행동은 아이의 긴장도가 많이 높아 있음을 나타내는 징표이므로 아이가 마음의 안정을 찾을 수 있게 도와주어야 한다. 이보다 좀 더 심한 스트레의 신호로는 틱, 강박증, 말더듬 등이 있다. 이때는 아이에게 증상을 인지시키지 말고 자연스럽게 다른 쪽으로 관심을 돌리게 해야 한다. 이런 신체 증상들은 아이의 정서 상태가 안정됨에 따라 자연스럽게 사라진다.

하지만 아이가 자신의 행동에 대해 어려움을 많이 느끼거나 이로 인해 스스로 위축되는 모습을 보인다면 자연스럽게 사라지기를 기다리지 말고 관련 전문가를 찾아가기 바란다. 빈뇨나 야뇨증 등 생리적인 현상에 대해서는 비뇨기과 등 관련 병원에 가서 검사를 받는다. 검사 후 문제가 없다면 이는 대부분 심리적인 증상이 아이에게 나타나는 것이다. 이때는 심리 상담, 놀이치료, 미술 치료 등으로 아이의 마음속을 정확히 진단받는 것이 좋다.

틱이나 강박증, 말더듬는 증상 등도 마찬가지다. 아이가 이를 불편해하거나 이로 인해 더 위축되는 경우에는 전문가의 상담을 받고 아이가 정서적으로 안정감을 되찾도록 해주어야 한다.

아이 스트레스를 정복하려면 준비운동부터 하자

아이의 스트레스를 정복하려면 부모는 먼저 다음과 같은 세 가지 준비운동을 해야 한다.

첫째, 아이의 감정을 먼저 읽어준다.

예를 들어 아이가 화가 나서 쓰레기통을 발로 찼을 때 엄마는 아이의 행동을 나무라면 안 된다. 아이가 저지른 행동에 초점을 맞추기보다는 "○○이 속상했구나"라며 감정을 먼저 읽어주어야 한다. "이게 대체 뭐 하는 짓이니?"라고 아이의 행동을 꾸짖더라도 아이는 자기 잘못을 즉각 깨닫지 못하기 때문이다. 효과 없는 훈육은 공허한 메아리일 뿐이다. 그리고 이러한 부모의 반응은 아이의 마음을 더 멀어지게 할 뿐이다.

아이의 마음을 먼저 읽어준 뒤 아이에게 쓰레기통을 발로 차면 안 되는 이유를 아이가 납득할 수 있는 수준에서 이야기한다.

"아무리 속상해도 쓰레기통은 차지 마. 플라스틱이라서 발로 차면 깨질 수 있어. 그러면 발목을 삘 수도 있고, 살이 찢어져 피가 날 수도 있어. 그러면 아프잖아? 대신 쿠션이나 베개를 차렴. 폭신해서 다칠 염려도 없고 또 뻥 차면 멀리 날아가서 속이 훨씬 후련할 것 같지 않아?"라고 말해준다면 아이는 자기 마음을 알아준 엄마에게 속으로 고마워하면서 시간이 지난 뒤에는 자신의 행동을 다시 되돌아볼 수 있게 된다.

둘째, 아이의 관심 대상, 관심 놀이를 미리 파악해둔다.

아이는 좋아하는 놀이를 하거나 좋아하는 사람을 만나면 마음껏 에너지를 발산할 수 있다. 따라서 아이가 스트레스를 받을 때 부모가 아이의 관심을 자신이 평소 관심 있던 대상으로 돌리게 한다면 마음을 가라앉히는 데 큰 도움을 받을 수 있다.

셋째, 아이의 기질을 미리 파악하고 인정한다.

아이들은 각자 타고난 성향에 따라 똑같은 상황에서도 스트레스 지수가 다르게 나타날 수 있다. 따라서 부모가 내 아이의 기질을 미리 파악해둔다면 아이가 스트레스 상황에 노출되는 것을 최대한 줄일 수 있다. 예를 들어 사람이 많은 곳을 유독 힘들어하는 아이가 있을 수 있다. 이런 아이와는 대형 마트나 백화점 같은 곳에 동행해서는 안 된다. 또 청각이 예민해서 시끄러운 장소에서 스트레스를 많이 받는 아이라면 부모는 아이가 최대한 이러한 상황에 노출되지 않도록 대비해야 한다.

전자의 경우에는 아빠에게 아이를 부탁하고 마트는 엄마 혼자 다녀온다든지, 후자의 경우에는 시끄러운 음악이 있는 곳은 피하고 전시회나 도서관, 박물관 같은 곳으로 가족 나들이 장소를 택하면 된다. 내 아이가 스트레스에 민감하게 노출되는 환경이라는 것을 너무 잘 알면서도 굳이 아이에게 부정적인 감정을 키워주면서까지 자주 그 장소에 노출시키는 것은 현명한 방법이 아니다. 부모는 아이의 성향을 인정하고 아이가 더 연습하는 시간을 거치고 접할 수 있도록 아이에게 준비할 시간을 주어야 한다. 이처럼 부모가 아이를 대한다면 아이의 스트레스 산을 무사히 정복할 수 있을 것이다.

스트레스 타파를 위한 재밌는 놀이

아이와 집에서 스트레스를 해소할 수 있는 놀이를 몇 가지 소개한다. 굳이 스트레스 해소가 아니더라도 집에서 부모와 신나게 함께할 수 있는 놀이이니 자주 즐겨보기를 권한다.

• 신문지 빨래 짜기

아이에게 신문지를 스트레스 빨래라고 말한 뒤 부모와 아이가 각각 신문지 양쪽 끝을 잡고 빨래의 물을 짜듯 힘차게 비튼다.

"너를 힘들게 하고 속상하게 한 ○○! 다 짜버리자. 영차!" 하면서 힘껏 비틀어 짠다. 아이도 부모도 속이 다 시원해질 것이다.

• 신문지로 하는 눈싸움

신문지를 손으로 돌돌 뭉쳐 눈싸움 놀이를 한다. 신문지 뭉치를 똑같이 나누어 가진 뒤 거실의 오른쪽은 아이 진영, 왼쪽은 엄마 진영으로 나누어 서로 맞히기를 한다. 이때 중앙선을 정해두면 더 좋다.

"방석을 경계로 넘어오지 마"라고 하며 놀이를 시작하면 서로 던지고 맞히고 피하며 재미있게 놀 수 있다.

• 신문지 찢기

엄마와 아이가 자유롭게 신문지 찢기를 하며 스트레스를 날리는 방법이다. 신문지를 찢으며 "더위야 날아가라", "모기 물린 거 없어져라" 하는 식으로 스트레스 상황을 입밖으로 낸다면 찢기 놀이가 훨씬 다이내믹해진다.

- 신문지 격파하기

신문지 한 장을 반으로 잘라 엄마가 양손에 합판처럼 펼쳐 들고 아이에게 격파하게 하는 놀이다. 아이는 멀리서 기합 소리를 내며 달려와 신문지를 주먹으로 격파하며 스트레스를 해소할 수 있다(단, 아래층에 소리가 울릴 수 있으니 매트리스를 깔고 낮 시간에 잠깐 동안 활동한다).

- 신문지 눈 뿌리기

엄마와 아이가 함께 바닥에 누워 신문지를 눈처럼 뿌리면서 논다. 이는 신문지 놀이를 통해 아이 마음에 쌓인 스트레스를 해소시킬 수 있을 뿐 아니라 소근육, 대근육 발달에도 도움이 된다. 신문지 격파로 찢어진 신문을 더 잘게 찢어 눈처럼 만드는 것이므로 신문지 격파하기 뒤에 이어서 하면 제격이다.

- 이불 놀이

아빠와 함께 하는 대표적인 놀이다. 하루 10분 정도의 짧은 시간이지만 아빠와 아이의 관계에 많은 도움이 될 수 있다.

몸을 이불로 돌돌 말았다가 한 번에 쫙 펼쳐주는 김밥 놀이, 이불에 아이를 태우고 끌고 다니는 이불 썰매 타기, 아빠가 이불에 아이를 넣고 산타할아버지 보따리처럼 어깨에 짊어지고 이방 저 방 다니는 놀이 등 간단하고 단순하지만 효과적으로 놀 수 있어 좋다.

아이의 스트레스 원인을 파악하고 해결하기 위해서는 부모와 아이 사이에 안정된 애착이 형성되어야 한다. 평소 짧은 시간이라도 아이가 엄마나 아빠와 몸을 써서 땀을 흘리고 웃는다면 이 작은 행동만으로도 아이들 마음속에 쌓인 스트레스는 쉽게 해결된다.

아이에게 집은
휴식 공간이 되어야 한다

"오늘 숙제 있니?"보다 "얼른 쉬어"로 맞이하자

아이는 학교에서 종일 선생님과 친구들 안에서 나름 긴장된 시간을 보내고 집으로 돌아온다. 그래서 아이에게 집은 긴장되었던 마음을 달래고 간식을 먹으며 편안히 쉴 수 있는 곳이다. 그런데 아이가 간식을 먹고 슬슬 자기가 좋아하는 취미 생활을 즐기려 할 때 엄마가 이렇게 말한다.

"오늘 숙제 있니?"

이 한마디에 아이의 편안함은 와르르 무너진다. 이 말을 해석해보면 "이제 숙제해"라는 말이기 때문이다. 아이는 하루 종일 꽉 짜인 시간표대로 움직이며 에너지가 바닥난 상태다. 하루 일과를 마치고 집에 돌아올 때의 발걸음은 가벼워야 한다. 발걸음이 가벼운 것은 집에 가면 긴장을 내려놓고 마음껏 쉴 수 있음을 알기 때문이다.

아이의 마음도 어른과 똑같다. 외부 활동을 마치고 집으로 돌아오면 간식을 먹으며 쉬기를 기대한다. 이때 엄마가 웃음으로 아이를 맞이하고 간식을 준다면 아이들은 편안하고 행복함을 느낄 것이다. 그런데 충분한 휴식을 취할 시간도 없이 간식 먹자마자 곧바로 숙제하기를 재촉받는다면 아이의 마음은 어떨까? 어쩌면 아이는 차라리 엄마가 없는 게 더 편할 것이라 생각할 수 있다. 그러고는 일하는 엄마를 둔 친구를 부러워할 수도 있다.

아이가 학교에서 돌아왔을 때는 간식만 차려주자. "오늘 숙제가 뭐니?"라고 물어보기보다는 "수고했어. 얼른 쉬어"라고 말해주자. 부모가 이렇게 수고로움을 인정하고 받아들여줄 때 아이는 더 큰 책임감을 가질 수 있다.

아이에게 학원 숙제하라고 말하지 않아도 아이들은 마음에서 다음에 할 일을 생각하고 있다. 그러니 아이가 자기 일을 스스로 체크하고 계획하도록 좀 놔두어도 나쁘지 않다. 집은 쉬는 곳이지 제2의 학교가 아니다. 하루 종일 밖에서 지내느라 피곤했던 몸과 마음의 긴장을 마음껏 풀 수 있는 곳이 되어야 한다.

차라리 학원이 편한 아이들

간섭이 싫은 것은 어른이나 아이나 똑같다. 편안해야 할 집에서까지 부모의 간섭이 심하다면 차라리 아이는 집에서 부모와 부딪히는 시간을 줄이고 싶어 할 것이다. 집이란 공간에서도 자기 독립성을 인정받지 못하고 간섭받는 아이들은 차라리 밖을 더 편하게 생각한다.

간혹 우리 아이는 학원을 네다섯 개나 다닌다며 이를 기특하게 생각하는 부모들이 있다. 이 경우 부모는 아이가 학원을 정말 원해서 다니는 것인지 아니면 다른 이유 때문에 다니는 것인지 정확히 파악할 필요가 있다. 많은 아이들이 공부를 위해서 학원에 다니는 것이 아니라 부모의 간섭이 싫어서 학원으로 대피하기 때문이다. 어떤 마음에서 아이가 학원을 다니고 있는지 부모는 면밀히 살펴볼 필요가 있다.

나 같은 경우 학원 수업이 정말 재미있어서 다녔던 걸까 생각해보면 결코 아니었다. 집에 있어도 간섭받는 분위기가 너무 싫었고 답답했다. 차라리 학원에 가서 또래 친구들과 즐겁게 소통하고 싶었던 마음이 더 컸다. 그래서 학원에서 보내는 시간과 학습력은 비례할 수 없었다.

부모의 간섭이 싫은 아이들이 학원에 가는 것인지, 공부가 필요해서 가는 것인지 부모는 아이의 진정한 마음을 잘 살펴보기 바란다. 물론 집은 집대로 좋고 학원은 학원대로 좋은 아이들도 많을 것이다.

　그러나 어떤 아이일지라도, 아이들이 집을 어떻게 생각하는지 그 속내를 부모가 알고는 있어야 한다. 집에서 답답함을 느끼는지 편안함을 느끼는지 말이다. 아이의 마음을 파악해야 부모와 아이의 관계를 다시 시작할 수 있다. 그리고 이 모든 것의 전제는 부모가 아이로 하여금 집을 편안하고 따뜻한 공간으로 느낄 수 있도록 만들어주는 것이다.

내가 꿈꾸던 '가정'을 내 아이에게 선사하라

　내가 아이들을 키우며 꼭 지키고 싶었던 마음은 아이에게 집을 편안한 곳으로 느끼게 해주는 일이었다. 누워서 책을 읽든 뒹굴거리며 책을 읽든 아이들의 모습을 그냥 그대로 인정해주려고 노력했다.

　어린 시절을 되돌아보며 내게 남아 있던 마음을 하나씩 꺼내서 내 아이들은 나와 같은 경험을 반복하지 않기를 바랐다. 어린 시절 내가 생각했던 학원은 부모의 간섭을 피하기 위한 탈출구였다. 아이가 정말 원하고 필요로 했던 학원이 아니라면 배움은 학습으로 연결되지 않는다. 나는 나 자신이 학원 학습이 의미 없음을 직접 느끼고 깨달았기에 아이에게는 이런 방식을 되풀이하고 싶지 않았다. 그리고 집을 아이에게 편안한 곳으로 만드는 것이 가장 중요한 내 역할이라고 생각했다. 이 생각이 내가 흔들리지 않고 원칙에 따라 육아를 할 수 있었던 원동력이었다.

내가 아이를 키우면서 중시한 또 다른 한 가지는 '독서'였다. 마침 다행히도 큰아이가 책을 좋아해 독서를 생활화하는 데에 별 문제가 없었다. 다만 아이가 도서관을 유독 싫어하는 게 문제라면 문제였다. 큰아이는 빌려서 읽는 것도 싫어했다. 그래서 거실을 도서관처럼 만들고, 가능하면 아이가 원하는 책은 아이 것으로 사주었다. 아이가 '자기 책'을 갖고 싶어 하는 마음이 컸기에, 중고 책이라도 아이가 소유할 수 있도록 해주었다. 좋은 옷을 원하는 아이가 있으면 책을 원하는 아이도 있다. 나는 아이의 성향을 그대로 존중해주었다.

만약 그때 큰아이에게 "책은 빌려서 보면 되는데 유별나게 왜 그러니?"라고 혼내면서 아이의 요구를 거부해버렸다면 책을 좋아하던 큰아이는 아마 책과 더 이상 친해지기 힘들었을 수도 있다. 그러나 큰아이는 어려서부터 혼자 책 쌓기 놀이를 하거나 책을 다 꺼내 정리하는 등 자기만의 책 놀이법이 있었다. 책을 놀이도구로 사용하며 지내는, 책 사랑이 남달랐던 아이였기에 나는 아이의 '책 소유욕'을 있는 그대로 받아주었다.

부모에게 존중받았던 아이는 다른 사람도 존중할 줄 안다. 아이들에게 맞게 아이들이 원하는 방식으로 아이들을 존중해줄 것. 이것이 내가 우리 아이들을 대하는 나만의 방식이다.

아이도 편안한 집에 있고 싶어한다

아이들이 편안해지는 집을 만드는 일은 어렵지 않다. 아이들이 집을 편안한 공간으로 기억하며 집에 있는 시간을 휴식으로 생각하게 하면 된다. 아이가 공부를 하다가 하필 잠깐 쉬고 있을 때 꼭 부모가 문을 열고 들어와서 그 광경을 목격한다. 그럴 때 아이의 마음은 너무 억울하다. 아이가 그런 감정을 느끼지 않도록 최대한 아이의 공간을 인정해주고 존중해주면 된다.

예를 들어 아이의 방문을 열 때 미리 노크를 한다든지 아이가 없을 때는 아이의 공간에 함부로 들어가 탐색하는 행동 따위는 하지 말아야 한다. 이것은 부모가 아이에게 지켜야 하는 가장 기본적인 매너다.

하교한 아이에게 숙제 이야기부터 꺼내거나 학원 시간을 체크하기 전에 오늘 하루는 어땠는지, 급식 맛은 어땠고 체육 시간은 즐거웠는지 물어보는 일을 먼저 하자. 그러고는 아이에게 오랜 시간 수고했다는 따뜻한 한마디를 던진다면 아이들은 부모와 대화하는 것을 힘들다고 생각할 일이 없을 것이다.

단, 아이가 사춘기에 접어들었다면 이런 대화의 방식이 안 통할 수도 있다. 어떤 대화나 접촉도 거부하고 자신만의 공간에 틀어박히기를 원하는 시기가 사춘기이기 때문이다. 이때는 아이들을 그냥 놔두고 바라봐야 한다. 버릇이 없다거나 아이가 너무하는 것 아니냐고 생각할 필요도 없다.

‘이 시기는 혼란스럽지. 나도 그랬어. 늘 혼자 있고 싶었지’라는 마음으로 아이의 행동을 존중하고 기다려주어야 한다. 부모의 불안한 마음에 아이를 자꾸 채근한다든지, 아이에게 이런저런 요구를 늘어놓는다든지, 아이가 해야 할 의무 사항을 체크하고 끊임없이 간섭할 때 아이는 집을 '감옥'으로 느끼고 탈출하고 싶어 할 것이다.

카멜레온처럼
변하는 아이들

부모의 말과 행동이 아이의 감정을 좌우한다

부모의 정서는 아이에게 그대로 전달된다. 따라서 부모가 불안한 마음을 가지고 있다면 그 불안함이 아이에게 그대로 전염되어 아이도 잔뜩 불안해하고 움츠러들 수밖에 없다. 아이가 어린이집에 처음으로 등원할 때 엄마의 말투와 눈빛에 따라 아이의 마음에는 불안감이 자랄 수도, 자신감이 자랄 수도 있다.

예를 들어 A 엄마는 아이에게 "오늘 어린이집에서 재미있게 놀고 친구들하고 멋지게 인사하고 와", "엄마는 네가 잘할 거라고 믿어, 파이팅!!"을 외치며 하이파이브를 하고 등원시키고, B 엄마는 "괜찮겠어? 잘할 수 있겠어? 너무 힘들면 엄마한테 전화해달라고 선생님께 말해"라며 잔뜩 불안한 얼굴과 표정으로 아이를 등원시킨다. 이 두 아이 중 어느 아이가 어린이집의 첫발을 더 편안하게 내디딜지는 누구나 짐작할 수 있을 것이다.

A 엄마는 아이를 믿고 아이에게 어린이집에 가면 재미있는 일이 생길 거라는 믿음과 자신감을 아이 마음에 심어준 반면 B 엄마는 아이가 잘 적응하지 못할 거라고 미리 짐작하고는 아이에게 무슨 일이 생길 것만 같은 불안감을 마음에 심어준 것이다. B 엄마가 아이에게 건네준 건 엄마의 불안과 걱정을 담아 '뻥뻥' 쏘아버린 불안의 화살이다.

아이와 하이파이브하고 즐겁게 등원시킨 A 엄마의 아이는 엄마와 떨어져서도 즐거운 마음으로 어린이집 생활을 한다. 첫날이라 잠시 긴장되고 두려웠던 마음도 엄마의 '파이팅!'을 생각하며 가슴속 깊이 고이 접어놓고 즐겁게 친구들과 어울려 생활한다. 하지만 불안과 걱정의 화살을 맞은 아이는 엄마의 불안해하던 모습을 떠올리며 걱정과 불안이 온몸으로 휘몰아치기 시작한다. 엄마의 불안에 전염되어 혼자 동떨어진 상황을 받아들이기 힘들어한다. 잘 적응해보려는 노력보다 아이의 마음속에는 엄마가 제시한 선택지(힘들면 엄마에게 전화 걸어달라고 선생님께 말해)만 떠오른다. 새롭고 낯선 환경을 받아들이기 전에 불안과 걱정의 마음으로 낯선 환경의 문을 열었기 때문에 이 아이의 기억 속에서는 엄마와 분리되는 것이 훨씬 더 어려운 일로 다가오는 탓이다.

이처럼 아이들은 부모의 말과 표정만으로 새로운 환경을 경험하기도 전에 미리 판단해버린다. 그래서 부모는 아이에게 걱정과 불안의 화살을 쏘아 올리면 안 된다. 부모가 쏘아 올린 그 화살은 아이에게 그대로 전해지고 흡수되기 때문이다. 기질상 걱정이 많은 부모일지라도, 아이에게만은 자신의 마음을 '꽁꽁' 숨겨버리고 '너는 잘 할 수 있어'라는 말로 용기와 자신감을 주어야 한다.

아이가 어린이집에서 돌아오면 오늘 하루 힘들지 않았는지 걱정과 위로의 말을 건네는 대신에 "오늘 무슨 노래 배웠어?", "우와~ 진짜 잘 부르는데?, "내일도 재미있는 노래 많이 배우고 와서 엄마한테 가르쳐줘"라고 아이의 새로운 경험을 같이 기뻐해줘야 한다. 그러면 아이는 어린이집 활동에 대한 기대감을 가지고 내일을 맞이할 수 있다. 아이가 낯선 경험을 시작할 때 부모가 해줄 수 있는 것은 아이의 기대감을 높이는 일이다. 불안과 걱정의 화살 대신 아이의 도전을 무조건 응원해주고 격려해준다면 아이의 마음은 자신감과 기대감으로 훨씬 단단하게 다져질 것이다.

"그만해도 괜찮아"

나는 '조금만 배우고 관두면 오히려 더 못하게 될 수도 있다'라는 말에 의미를 두던 시절이 있었다. 우리 부모님은 나의 미래나 재능을 찾아주시기 위해 여러 노력을 했고, 내가 무언가를 배울 때 흥미를 많이 느끼지 못하더라도 지금까지 배운 시간이 아깝지 않겠냐고 묻곤 했다. "여기까지는 좀 더 배우면 좋지 않을까?"라고 나를 다독이시면서 더 배울 수 있도록 설득했다.

어린 시절 나는 피아노를 배웠었는데 분명 처음에는 관심이 있었지만 시간이 흐를수록 흥미가 떨어졌었다. 하지만 이후에도 피아노를 배우고 연습하는 데 오랜 시간을 보냈다. 지금 돌이켜 보면 피아노가 내게 남겨준 특별한 추억이 있었는지 잘 모르겠다. 결국 나에게 남은 건 음악 시간에 피아노를 연주하거나 시험을 봤던 '그때뿐'이었던 것 같다. 그러다 문득 '그런 식으로 배워서 남는 건 뭘까?'라는 생각이 들었다.

세상을 살면서 내가 깨닫게 된 중요한 덕목 중 하나는 "그만해도 괜찮아"다. 그래서 내 아이가 무엇인가를 배우다가 흥미를 못 느끼거나 재미없어할 때 나의 경험을 기억하며 심각하게 고민하지 않고 "그만하자"라고 말할 수 있게 되었다.

아이들은 부모의 눈빛과 마음을 아주 잘 눈치챈다. 부모가 보이는 아쉬운 말투와 눈빛, 안타까워하는 표정을 보며 '이제 그만하고 싶다'는 마음을 애써 감춘다. 아이 눈에 비친 부모의 '조금만 더'를 원하는 눈빛과 말투에 "그럼 체르니 ○○번까지만 할게요"라며 꼬리를 내리고 만다. 부모가 내던진 단정적인 말들 '지금까지 배운 게 아깝잖아. 여기서 멈추면 영 못 치게 돼'를 되새기며 계속 배워야 하는 이유를 나름대로 합리화시키려고 노력하는 것이다.

그렇지만 흥미와 관심없는 것에 아이가 인내심을 가지고 집중하기는 현실적으로 더 어렵다. 결국 피아노든 운동이든, 배움의 효과가 크게 나지 않는다. 그러니 아이에게 허용해줄 수 있는 부분에서는 아이에게 선택할 기회를 제공해주기를 바란다. '지금 당장 악기를 안 배워도, 운동을 안 배워도 괜찮다'라는 마음을 부모가 먼저 가져줬으면 한다.

아이들은 자신이 좋아하고 진짜 다니고 싶은 학원의 숙제는 뒤로 미루지 않는다. 아이가 좋아하는 것들은 아이에게 좋은 효과를 가져오기에 시간이 지나도 기억에 남겨질 수 있다. 하지만 나의 경험상 체르니를 30번까지 배우든 50번까지 배우든 시간과 단계에 상관없이 아이의 흥미와 관심이 없는 배움이라면 그만두고 난 뒤에도 별 차이가 없다. 아이에게 남겨진 것이라야 '나도 예전에 피아노 배웠다'에 머물 뿐이다.

아이가 좋아하고 원하는 것을 배운다면 부모가 연습이나 숙제를 권하지 않아도 알아서 즐겁게 할 것이다. 나의 헛된 경험으로 낭비되었던 시간을 내 아이에게도 반복시키고 싶지 않았다. 만약 지금 배우는 것을 아이가 흥미로워하고 좋아한다면 지속해도 되지만 반대로 그만두고 싶어 하는데도 지금까지 배운 시간이 아깝다며 계속 끌고 가는 것은 아이를 위한 일이 아니다.

아이와 소통하면서 무엇을 배우고 싶고 어떤 것에 흥미와 재미를 느끼는지 확인한 후에 무엇을 배울지 선택하면 좋을 것이다. 원하는 것을 배울 때 부모는 '그만해도 괜찮아'가 아닌 '○○가 혼자 알아서 즐겁게 하니 엄마도 좋다'라는 말을 저절로 할 수 있게 될 것이다.

스티그마 효과 vs 피그말리온 효과

부모가 아이에게 무심하게 던진 '부정적인 말'은 아이에게 '나는 못해'라는 부정적인 감정을 더욱 강화하고 아이는 부모의 말처럼 행동도 변해간다. 심리학에서는 이를 스티그마 효과(Stigma Effect)라고 한다. 아이가 한번 잘못된 행동을 했을 때, 주변에서 아이를 부정적인 시선으로 낙인찍는 것으로 '낙인효과'라고도 한다. 이때 아이는 의식적이든 무의식적이든 낙인찍힌 대로 행동하려는 경향이 높아진다.

부모의 스티그마 효과적 양육 태도를 아이의 불안과 걱정에 대입해본다면 불안과 걱정으로 아이를 키운 부모의 아이는 낯설고 새로운 것을 받아들일 때 어김없이 불안하고 더 무섭다는 생각을 하게 될 것이다.

이와 반대 방향에 피그말리온 효과(Pygmalion Effct)가 있다. 이것은 주변 사람들이 아이에게 긍정적인 기대와 지지를 보낸다면 아이는 그 기대에 부응하기 위해 더욱더 열심히 노력해서 더 좋은 성과와 결과가 나타나는 현상을 말한다. 이 효과를 부모의 양육 태도에 대입해본다면 새롭고 낯선 일을 앞둔 아이에게 부모들이 해줄 말이란 언제나 "넌 잘할 수 있어", "너는 해낼 거야"라는 긍정적인 격려와 응원의 말임을 알 수 있다.

걱정만 하지 말고 미리 예방하자

나는 우리 집 둘째 아이가 또래보다 작은 키 때문에 고민을 한다는 것은 알았지만 그 고민이 그렇게 컸는지는 미처 깊게 생각하지 못했다. 둘째 아이는 스스로 또래 친구들은 '쑥쑥' 자라는 반면 자신은 성장 속도가 느리다고 느꼈던 것 같다.

그런데 그런 아이에게 남편은 불안한 마음을 담아 "네가 밥을 잘 안 먹어서 그래. 우유도 많이 먹어야지"라고 말하곤 했다. 그리고 아이의 작은 모습 하나에서도 "그러니 키가 안 크지"라며 모든 것을 키와 연관지어 걱정의 말을 늘어놓았다.

나는 남편과 생각이 달랐다. 아이에게 걱정 섞인 말보다는 아이가 힘들어하는 마음을 충분히 읽어주는 것이 더 도움이 된다고 믿었기 때문이다. 그리고 부모와 아이가 똑같이 심각하고 진지하게 생각한다고 성장의 문제가 해결되는 것도 아니었다. 타고난 성장의 속도를 받아들이고 편안하게 기다려주는 일이 필요했다. 그리고 아이에게 현실적인 방법을 알려주는 것이 훨씬 중요한 일이라고 생각했다.

그래서 아이에게 밥 잘 먹고, 일찍 잠자리에 드는 생활 습관을 강조했다. 가벼운 줄넘기나 배구, 농구 등 성장판이 자극받을 수 있는 운동도 같이 권했다. 영양소가 골고루 잡힌 식사를 하고 운동을 병행하면 키가 크는 데 도움이 될 뿐 아니라 에너지 넘치는 활동을 하면서 체력을 기르는 데도 좋을 것이기 때문이다. 아이의 키 문제에서 가장 해서는 안 되는 일은 부모가 걱정하고 불안해하는 모습이다. 그리고 더불어서 부모는 아이에게 큰 키가 꼭 자존감으로 연결되지는 않는다는 사실도 알려주는 것이 필요하다. 아이에게 미리 걱정과 불안을 줄 필요는 더더욱 없다.

무엇보다 중요한 것은 신체적인 게 아니라 아이의 마음과 자신감의 키다. 키 때문에 불안하고 자신감이 없어 하는 아이에게 부모는 이 사실을 끊임없이 알려주고 강조해주어야 한다. 걱정하는 아이에게 충분히 설명해주고 안심도 시켜줘야 한다. 타고난 체질이나 신체 조건은 노력으로 해결할 수 없다. 그러나 자신감과 당당함, 멋진 태도는 얼마든지 가꿀 수 있다.

부모가 집중하고 알려주어야 할 것은 '아이의 키'보다 '아이 마음의 키'를 키울 수 있도록 자존감을 길러주는 일이다. 아이의 감정과 지능은 서로 연결되어 있다. 부모가 아이의 마음에 편안함과 안정감을 만들어줄 때 아이의 재능도 학습력도 '쑥쑥' 자랄 수 있음을 명심하자.

놀이로 아이의
감정을 파악하라

아이의 감정을 솔직하게 들으며 소통하고 싶다면

아이들은 현실적으로 두려움과 같은 부정적인 감정에 대해서는 입을 다물어버리는 경향이 있다. 따라서 아이의 현재 두려운 감정을 알고 싶다면 아이와 인형 놀이를 하면서 자연스럽게 자기감정을 털어놓을 수 있도록 유도해야 한다. 현재 가장 걱정되고 두려운 것이 무엇인지 인형을 의인화해서 물어본다면 아이는 자기 속내를 의외로 쉽게 털어놓을 수 있다.

인형 놀이는 아이가 자신의 감정을 표현할 수 있도록 도와주는 좋은 도구가 되어준다. 부모에게는 말할 수 없는 이야기도 아이들은 자기가 좋아하는 인형이나 상상 친구에게는 쉽게 털어놓기 때문이다.

예를 들어 아이가 '시크릿쥬쥬' 캐릭터를 좋아한다면 부모는 '시크릿쥬쥬'에 나오는 친구들의 이름을 미리 다 파악하고 쥬쥬 친구 중 하나인 '샤샤' 역할을 하면서 "쥬쥬야 요즘 자주 시무룩해 있는데, 혹시 유치원에서 무슨 일 있었어?"라고 자연스럽게 물어볼 수 있다. 그렇게 접근한다면 아이는 지금 부모와 이야기하는 것이 아니라 '샤샤'에게 이야기하는 것이라고 생각할 수 있어 조금 덜 힘들게 자기감정을 노출할 수 있다.

더불어 부모는 아이가 좋아하는 캐릭터뿐만 아니라 친구들의 이름과 캐릭터에 관련 노래들까지도 미리 공부하는 게 좋다. 부모가 아이들의 마음을 파악하기 위해서는 아이들이 좋아하는 것이 무엇인지를 알아야 하기 때문이다. 부모가 아이들의 마음을 제일 쉽게 파악하는 방법은 가까운 동네 문구점을 탐방하는 것이다. 문구점에 가보면 요즘 아이들이 좋아하는 캐릭터와 여러 가지 아이템들을 한눈에 볼 수도 있고 문구점 주인 아저씨께 물어 정보를 얻을 수도 있다.

부모가 아이와 공감대를 형성하며 소통할 수 있는 방법은 생각보다 그리 어렵지 않다. 아이의 관심사를 같이 보면서 함께 이야기하고 놀 수 있을 때 부모는 아이와 소통하는 것을 어렵지 않게 느낄 것이다. 아이 또한 자기가 좋아하는 캐릭터나 장난감을 부모가 잘 알아줄 때 부모와 이야기하는 것을 지루해하지 않고 심심해하지 않을 수 있다. 이렇게 부모와 아이가 관심 대상을 함께 공유한다면 즐겁고 재미있는 상호작용도 얼마든지 가능해진다.

실패와 성공 등 다양한 감정을 배울 수 있는 놀이

아이는 부모와 함께 점토 놀이를 하면서도 다양한 감정을 표출할 수 있다. 점토 놀이는 아이가 원하는 모양대로 만들 수 있고 또 아이가 놀이를 주도하면서 놀이를 이끌 수 있기 때문이다. 아이가 알려주는 방법으로 따라 만들고 함께 놀면서 아이는 부모에게 인정받는 경험을 할 수 있다. 더불어 점토로 완성된 작품을 보면서 성취감도 마음껏 느낄 수 있다.

점토 놀이의 또 다른 장점은 놀이 과정에서 아이가 부정적인 감정이나 억눌린 감정을 표출할 수 있다는 점이다. 점토를 두드리거나 누르고 뭉개면서 억압된 감정, 스트레스, 쌓인 것들을 표현해내는 것이다. 이때 부모는 아이의 감정이 밖으로 잘 나올 수 있게 적절한 질문을 던지면 된다.

"오늘 기분은 어때? 아까 그네에서 떨어졌을 때 기분이 어땠는지 점토 주무르며 표현해볼까?"

이러면 아이는 점토를 주먹을 쾅쾅 치며 "아주 아주 아팠어. 기분 나빴어"라고 할 수도 있고 점토를 조물거리며 "내가 그네를 이렇게 저렇게 움직여봤지"로 표현할 수도 있다.

말랑말랑하지만 자기 마음대로 주무를 수 있는 재료로 아이에게 기분을 표현할 기회를 준다면, 단순한 동작이지만 아이는 자신의 감정을 놀이 중에 자연스럽게 나타낼 수 있다. 두드리고, 손으로 누르고, 뭉치고, 잡아당겨서 뜯고, 자르고, 뭉개고 등 다양한 방법으로 생각과 감정을 표현할 수 있다.

시중에는 천사 점토, 찰흙, 아이클레이 등 다양한 놀잇감이 나와 있다. 종류마다 특징과 장단점이 있으므로 아이에게 맞는 것을 활용하면 좋다. 차가운 감촉을 좋아하는 아이, 손에 묻는 것을 싫어하는 아이, 흙을 좋아하는 아이, 색깔 있는 것을 선호하는 아이 등 아이에게 맞게 선택하면 된다. 아이가 여러 종류를 써보고 자신에게 맞는 점토를 고르게 해도 좋다. 이 과정 자체가 아이에게 하나의 놀이가 될 수 있다. 파는 점토가 아니어도 상관없다. 밀가루 반죽도 훌륭한 재료가 된다. 아이의 성향과 발달 시기에 맞추어 재료를 선택한다면 아이에게 좀 더 안전하고 즐거운 놀이가 될 것이다.

아이는 점토 만들기를 하면서 자기가 생각하는 대로, 원하는 대로 잘 만들어지지 않을 때 실패를 경험하기도 한다. 하지만 이런 실패와 재도전의 경험은 아이에게 스스로 다양한 방법을 생각하며 문제 상황에 부딪혀보고 이를 해결하려는 방법을 찾아가는 경험을 맛보게 해준다. 이로써 아이는 자연스럽게 실패를 경험하면서 느낀 부정적인 감정에서 벗어나 문제해결을 맛보는 성취감을 쌓을 수 있다.

아이가 쓰는 색을 통해 감정을 알 수 있다

아이는 자신의 감정을 그대로 색깔로 나타낸다. 따라서 부모는 아이의 그림을 보고 아이가 많이 사용한 색이 무엇인지로 아이의 감정 상태를 파악할 수 있다.

아이는 말로 자신의 감정을 표현하는 데 미숙하다. 하지만 그림을 그릴 때는 자신의 감정을 색깔로 자연스럽게 표현하기 때문에 마음을 읽는 데 색깔은 매우 중요하다. 색이 의미하고 나타내는 바를 미리 알아둔다면 아이의 마음도 훨씬 쉽게 파악할 수 있다.

이런 특성 때문에 의사소통이 아직 미숙한 어린아이나 자신의 감정을 잘 표현하지 않는 아이의 마음을 읽어보는 데 색채 심리를 활용하기도 한다. 그림 그리기와 색칠 놀이를 진행하면서 아이의 감정과 심리 상태를 파악하는 것이다. 아이의 그림을 보며 "잘 그렸네"라고 칭찬만 하고 끝낼 게 아니라 색에 표출된 아이의 마음을 읽어보는 일이 중요한 이유가 여기에 있다.

만약 검은색을 자주 사용하는 아이라면 공포감이나 불안감을 강하게 느끼고 자기감정을 억제하고 있다고 해석할 수 있다. 이런 특징은 특히 권위적인 부모 밑에서 자란 아이거나 결손가정의 아이들에게서 자주 나타난다. 검은색을 좋아하는 아이는 겉으로 온순하며 잘 적응하는 듯이 보이지만 내면에는 자기를 과도하게 통제하는 경우가 많다. 이럴 경우 부모는 아이의 마음을 읽어주고 지금 아이가 어떤 부분에서 힘든지 파악해서 도와줘야 한다.

테두리를 검게 칠했던 아이

나 같은 경우 큰아이가 말이 많이 없었기에 아이의 마음을 읽고 아이의 감정에 다가가는 것을 어렵게 느꼈었다. 그래서 나 역시 그림의 힘을 빌려서 아이의 마음을 읽어보려고 노력했다. 우리 집 아이는 바다에 사는 해양생물을 그렸는데 빈 공간을 찾기 어려울 만큼 빽빽하게 그려놓았다. 더 특이했던 점은 연필로 그림을 그리고 검은색 크레용으로 다시 테두리를 칠한 점이다. 나는 그게 어떤 의미인지 몰랐는데, 미술 치료사 선생님께 상담해본 결과 아이의 마음이 아주 복잡한 상태로 보인다는 답변이 돌아왔다. 연필로 그린 것 위에 테두리를 다시 덧칠하는 것은 정서적인 결핍이며, 이는 인정받고 사랑받고 싶어 하는 심정을 표현한 것이라고 했다.

그때는 큰아이가 다섯 살이었고 동생이 두 살이었다. 내가 어린 동생을 더 챙겨주고 관심을 기울였던 것이 큰아이에게는 많이 힘들고 견디기 어려운 일이 되었던 게 아닌가 싶다. 큰아이가 겪었을 외로움을 미처 알아채지 못했다. 그때라도 알게 되어 얼마나 다행인지, 지금도 당시를 생각하면 큰아이에게 미안한 마음이 크다.

이처럼 아이들은 말보다는 그림과 색, 몸짓, 놀이 등을 할 때 자기감정을 더 자연스럽게 표현한다. 이때 부모가 해주어야 할 일은 그림이나 아이의 몸짓을 통해 아이의 슬프고 불안했던 감정들을 읽어주고 알아주는 일이다. 그리고 아이에게 알게 모르게 상처주었던 부모 자신의 행동을 고치는 일이다. 이렇게 자기 마음을 부모가 알아줄 때 아이는 더 이상 외로워하지도 슬퍼하지도, 또 불안한 감정으로 힘들어하지도 않을 것이다.

아이의 감정신호등
살피기

화를 참으려면 제대로 화내는 법부터

화를 제대로 낼 줄 모르는 아이들이 많다. 아이가 화를 제때,
제대로 내지 못한다면 온전하게 사회성을 발달시키기 어렵다.
아이 마음속 감정의 골이 깊어질수록 속으로 곪아 들기 쉬운 상
태로 변한다.

여러 이유에서 부모는 아이에게 제대로 화내는 방법을 알려
줘야 한다. 화를 제대로 낼 줄 알아야 아이가 자신의 감정을 스
스로 진정시킬 수 있는 능력도 기를 수 있기 때문이다. 아이가
화를 제대로 내지 못할 때 부모가 가장 먼저 확인해야 할 부분은
원인을 알아보는 일이다. 제대로 화를 내지 못하는 아이는 대체
로 세 가지 유형으로 나눌 수 있다.

첫째, 화를 지나치게 많이 내는 아이

둘째, 상황에 알맞게 화를 표출하지 못하는 아이

셋째, 첫째 유형과 둘째 유형을 모두 포함하는 아이

세 유형의 아이들에게는 세 가지 공통적인 모습이 나타난다. 가장 먼저 나타나는 모습은 아이가 착한 아이 증후군에 가까운 경우다. 이런 아이들은 정작 화를 내야 할 때 다른 사람의 평가를 먼저 생각한다. 남들에게 어떤 평가를 받을지 두려워 자신의 부정적인 감정을 솔직하게 표현하지 못하고 숨기는 경우다. 이럴 경우 부모는 아이가 제대로 자신의 부정적인 감정을 표현할 수 있도록 알려주어야 한다.

예를 들어 아이는 자신의 이미지가 '착하다'라는 것을 유지하기 위해 자신의 감정과 전혀 다른 행동을 하며 다른 사람의 생각에 맞춰주려고 노력한다. 하지만 이런 마음이 영원히 지속될 수는 없다. 그래서 속상한 마음을 숨기고 숨기다가 어느 날 갑자기 모든 화를 '펑' 하고 폭발시킨다. 그런데 이런 아이의 행동이 주위 사람들에게는 전혀 납득이 가지 않는다. 친구들은 아이에게 "너 갑자기 왜 그래?", "완전 갑분싸!"를 연발하며 아이를 이상하게 쳐다본다. 아이는 자신의 화난 마음을 옹호받지 못해 상처받고 움츠러든다.

이런 아이에게 부모가 알려줘야 할 것은 무조건 참는 일이 좋은 것은 아님을 알려주는 일이다. 그리고 아이가 제대로 자기 마음을 표현할 수 있도록 돕는 일이다.

우선 부모 먼저 말을 잘 들으면 착한 아이라고 생각하고 말을 안 들으면 나쁜 아이라고 생각하는 생각의 틀을 깨야 한다. 부모 말을 잘 듣는 아이가 편한 아이라는 생각은 잘못이다. 부모 말에 매번 순응하는 아이는 자신의 인생을 사는 아이가 아니다. 어쩌면 아이는 착한 아이의 인생을 연기하고 있을지도 모른다. 자기 주장, 자기 의견, 자기 기분을 당당히 말할 수 있는 아이로 키우는 일이 얼마나 중요한지 부모가 먼저 깨닫고 아이가 이 임무를 잘 해나갈 수 있도록 도와주는 일이 필요하다.

또 다른 모습은 아이가 화를 무분별하게 혹은 과도하게 흥분하여 내는 경우다. 이런 아이들은 화가 날 때 생각 없이 행동한다. 이런 행동으로 인해 아이가 위험해질 수도 있고 다른 아이에게 피해를 줄 수도 있다. 일례로 화가 날 때 자해 행동을 하며 자신의 부정적인 감정을 표현하는 아이들이 있다. 이들은 벽에 머리를 세차게 '쿵쿵' 박거나 자기 얼굴이나 가슴을 마구 때리는 행동을 하기도 한다.

이런 자해 행동은 아이의 언어 발달이 아직 완전하게 형성되지 않았을 때 자신의 분노나 화, 좌절감 등을 표출하는 통로로 쓰이기도 하고 때로는 아이의 성향과 기질이 원인이 되기도 한다. 그 어떤 경우든 아이가 과도하게 분노를 표출한다면 부모는 아이의 감정 조절 능력이 부족하다는 신호로 받아들여야 한다. 그래서 아이가 어떻게 자기감정을 표현해야 하는지 그리고 부정적인 감정을 해소하는 방법은 무엇인지를 알려주어야 한다.

부모가 해야 할 또 다른 하나는 아이가 자해 행동을 할 때 최대한 다치지 않도록 위험한 물건을 치워놓는 것이다. 쉽게 깨지는 물건, 뾰족한 물건 등을 최대한 멀리 치우고 아이의 흥분이 최대한 가라앉을 때까지 기다려주어야 한다. 만일 아이가 자해 행동을 시작했다면 부모는 흥분하지 말고 아이를 더 자극하지 않도록 조심해야 한다. 그러고는 아이가 더 다치지 않도록 그 상황을 막을 방법을 찾아야 한다. 이때는 상황별로 다르므로 부모가 발 빠르게 대처하는 수밖에 없다.

그러나 대개의 경우 아이의 자해는 순식간에 끝나기 때문에 부모가 미처 말리지 못할 수 있다. 이미 자해가 끝났다면 부모는 아이의 상처를 치료해주고, 아이의 흥분이 가라앉으면 대화를 시작하는 게 좋다. 다친 곳은 어떤지, 그렇게 행동하고 나면 기분이 나아지는지, 그러면서 그 행동은 왜 위험한지 등으로 공감으로 시작해 대화를 이어나가는 것이 중요하다.

그러나 아이의 자해 행동이 점점 심해지고 횟수가 잦아진다면 부모의 힘으로만 해결하려 하지 말고 전문가의 상담을 받는 것이 좋다. 마지막으로 아이가 자신의 화를 살아 있는 곤충이나 동물에게 푸는 경우다. 이런 아이들은 자신이 키우는 곤충이나 반려동물을 흡사 스트레스 푸는 도구로 취급한다. 그래서 화풀이를 하다 곤충을 죽이거나 반려동물을 다치게 하는 일도 자주 벌어진다.

강아지를 때리며 화풀이하거나 곤충의 다리를 잔인하게 하나씩 떼어내며 학대하는 행동이 대표적인 경우다. 대부분의 부모들은 '우리 아이는 절대 그렇지 않아', '일부 국한된 아이들 이야기겠지'라고 생각하지만 의외로 이런 행동을 하는 아이가 많다.

이런 아이들에게는 생명의 소중함을 알려주는 것이 무엇보다 중요하다. 아무리 사소해 보이는 생명일지라도 죽이거나 학대하는 것은 절대 해서는 안 되는 행동임을 아이의 눈높이에서 분명히 알려줄 필요가 있다. 아이가 이 사안을 심각하게 받아들이고 생명의 소중함을 알 때 이런 행동을 고칠 수 있다.

작은 조절의 힘이 인성을 완성한다

아이가 자신의 감정을 스스로 진정시키려면 '제대로 화를 내는 방법'부터 먼저 배워야 한다. 부모가 이를 제대로 가르쳐줄 때 아이는 좀 더 원활하고 성숙한 방법으로 자기감정을 표현하게 될 것이다. 적절한 감정 조절은 아이가 인생을 원만히 살 수 있도록 도와주고 또 스스로를 통제할 힘을 준다.

누구나 화를 내고 산다. 화나는 감정을 꾹꾹 억누르고 살 수 있는 사람은 없다. 화를 억누르다가 한꺼번에 분출시킨다면 그때의 감정은 본인이 제대로 제어하지 못할 가능성이 크다. 화를 계속 억눌러왔던 아이들의 경우 화가 한번 분출되면 부모의 말소리가 전혀 들리지 않는다. 스스로 화를 내는 과정에서 점점 더 흥분이 고조될 가능성도 크다.

그렇기 때문에 이때는 아이가 진정할 때까지 부모가 기다려주는 것이 좋다. 부모는 어떤 감정도 보여주지 말고 침착함을 유지해야 한다. 부모가 아이보다 더 화를 내며 대할 경우 아이의 화가 잠시 멈춘 듯 보이지만 그것은 부모의 착각일 뿐이다. 부모가 더 크게 화를 내는 상황에 놀라서 멈춘 것이지 진짜 화가 가라앉아서 멈춘 것이 아니기 때문이다. 아이의 마음속에서 분노는 계속 쌓이고, 과도한 감정 폭발은 언제든 되풀이될 수 있다. 아이를 기다려줄 작정이라면 끝까지 침착하게 기다리는 일관된 태도가 중요한 이유가 여기에 있다.

부모는 아이의 '화난 감정'을 느꼈을 때 아이가 제대로 화를 낼 수 있도록 '화에 대처하는 방법'들을 알려주는 것이 효과적이다. 어린 시절부터 아이에게 '제대로 화를 내고 스스로 화를 풀 수 있는 방법'을 알려준다면 스스로 화난 감정을 다스리고 이를 풀 방법을 찾아갈 수 있다. 작은 조절의 힘이 아이를 온전한 아이로 키워낸다. 이를 곁에서 지켜보며 도와주는 일을 부모가 철저히 그리고 일관된 태도로 한다면 아이들은 자신의 인성을 자기 개성대로 완성해나갈 수 있을 것이다.

화난 감정을 진정시키는 놀이 방법

아이가 '화난 감정'을 진정시켰다면 그다음은 부모가 아이와 함께 놀이를 시작하여 아이의 마음을 좋은 쪽으로 돌려주는 게 좋다. 아이를 진정시키는 데 도움을 줄 수 있는 네 가지 간단한 놀이 방법을 소개한다.

첫째, 동요 테라피를 활용한다.

아이의 발달 시기에 맞는 노래를 골라 아이와 함께 부른다. 아이가 좋아하는 노래, 평소 친근하게 들었던 노래를 고르면 된다. 같이 동요를 부르면서 아이는 긴장되었던 호흡도 조절하고 안정감을 느낄 수 있다. 예를 들어 아이가 '화가 난 상황'에서 좋아하는 〈곰 세 마리〉를 화가 난 정도만큼 반복해서 부를 수 있도록 알려준다.

"지금 화가 많이 났구나? 우리 이런 마음이 진정될 때까지 곰 세 마리를 불러볼까? 엄마 먼저 시작할게" 하면서 부모가 먼저 아이의 '화난 감정'을 인정해주고 별일 아닌 듯 평소대로 노래를 시작한다면 아이는 다음번 화가 날 때 혼자서 〈곰 세 마리〉를 부르며 마음을 가라앉힐 수 있다.

아이가 스스로 이렇게 하기까지는 이런 활동이 몸에 배도록 습관이 들어야 하겠지만, 의외로 아이들은 쉽게 습관을 체화할 수 있다.

둘째, 베개나 쿠션 등을 이용해 화풀이하도록 한다.

푹신한 물건을 가져다놓고 발로 차기, 손톱으로 할퀴기, 손으로 비틀어 짜거나 꼬집기 등을 마음껏 하라고 시킨다. 이는 다른 사람에게 피해가 가지 않으며 또 아이를 다치게 하지도 않는 방법이므로 아이의 스트레스를 풀 수 있는 좋은 방법이 된다. 아이에게 이런 방법을 유도하면 아이는 다음에도 자기만의 방식으로 화풀이하는 것을 깨우칠 수 있다. 이때 아이가 화난 이유에 대해서 베개나 쿠션을 의인화시켜서 말하게 해보면 더 좋다.

셋째, 가정용 어린이 샌드백을 사용한다.

어린이용 '샌드백'은 에너지를 발산하고 감정을 표출하기에 좋은 도구다. 아이들에게 위험하지 않고 안전하며, 운동할 때 쓰는 도구이므로 아이들이 '합법적으로' 마음껏 두드릴 수 있다. 운동도 되고 부정적인 감정을 해소하는 데도 큰 도움이 된다.

넷째, 낙서하기로 감정을 표출한다.

커다란 종이(전지 크기면 더 좋다)를 놓고 크레파스나 물감으로 마음껏 낙서를 하게 한다. 한글을 아는 아이라면 왜 화가 났는지 종이에 직접 적으라고 해도 좋다. 예쁜 그림 말고 네 마음이 어떤지 색으로, 모양으로 마음대로 풀어놓으라고 한다. 물감을 마음대로 짜서 손바닥으로 문지르게 해도 좋고, 발바닥에 물감을 묻혀서 마음껏 휘저어도 좋다. 낙서 자체가 긴장되고 불편했던 아이의 감정을 표출하게 도와주므로 스트레스를 해소할 수 있다.

놀이를 통해 화가 난 감정을 풀면서 스스로 진정하고 조절하는 시간을 가진다면 아이들은 자신의 감정을 마주하고 이를 조절하는 방법을 자연스럽게 익히게 될 것이다.

아이의 감정 신호등에 초록불이 켜졌다면

아이가 화를 마음껏 표출하고 조금씩 진정이 되었다면 아이 마음의 감정 신호등에 초록불이 켜졌다고 할 수 있다. 이때 부모는 아이가 소통할 마음의 준비가 되었다고 생각하고 아이와 이야기를 나눌 준비를 해야 한다. 아이와 함께 감정 신호등을 만들고 감정 불빛의 색깔에 따라 아이의 마음을 읽어주는 '감정 신호등' 만들기 놀이를 추천한다.

먼저 아이와 감정 신호등을 같이 그린다. 그리고 아이에게 감정 신호등의 빨간불은 '여전히 화가 났어요'로, 노란불은 '아직 마음이 다 안 풀렸어요'로, 초록불은 '이제 마음이 다 진정되었어요'로 읽을 수 있다고 말해준다.

감정 신호등의 색깔 표시를 다 알려준 후 아이에게 마음을 신호등 색깔로 표시할 수 있다고 알려준다(이때 신호등 각각의 색깔을 붙였다 뗄 수 있는 부직포나 포스트잇 같은 재질로 만들어두면 더 편하다).

이렇게 만들어두면 아이는 그날그날 아니면 자기 기분이 나쁘거나 화가 많이 난 날에는 이 감정 신호등을 이용해 자기 마음을 표현할 수 있어 서로에게 좋다. 부모는 아이의 감정이 차츰 가라앉는 것을 볼 수 있어 좋고, 아이는 감정 신호등의 색깔을 바꾸기 위해 자기감정을 가라앉히려고 자진해서 노력하기도 한다.

어떤 방법이든 좋다. 그 방법의 기본에 부모가 아이의 마음을 읽어주고 아이의 시간에 맞게 기다려준다면 아이들은 사회성을 풍성하게 하는 감정이라는 양분을 마음껏 흡수하면서 자라게 될 것이다.

5장

생활습관을 바꾸면
자기조절력이
커진다

아이가 자기조절력을
연습할 시간을 줘라

아이 인생의 그라운드에서 내려오자

부모들은 대다수가 여전히 '아이들에게는 공부가 먼저'라고 생각한다. 그래서 공부를 최우선으로 강조하고, 공부 잘하는 것을 최선의 목표로 삼는 이들이 많다. 그런데 정말 그럴까?

소위 명문대학에 합격하는 것이 성공하는 인생과 직결된다는 생각은 이제 시대와 동떨어진 생각이다. 사회가 바뀌고 세상이 바뀌었다. 부모는 아이의 적성이나 능력보다는 자신들의 만족을 위해 아이를 일류대학의 문으로 이끈다. 그러나 요즘 시대는 더 이상 일류대학이 아이의 성공을 판가름하지 않는다.

부모는 아이의 인생 코치가 될 수는 있지만 아이 대신 그라운 드에서 뛰어줄 수는 없다. 아이가 스스로 살아가는 힘을 기를 수 있도록 연습하고 배우는 과정을 옆에서 지켜보고 기다리는 일이 부모가 해줄 수 있는 일의 전부다. 하지만 자신들의 역할을 과신하고 과대하는 부모들이 여전히 많다.

이런 부모들은 아이가 연습할 수 있는 시간을 기다려주지 않고 본인들이 그 일을 알아서 다 해준다. 어려운 일도, 성가신 일도 모두 부모 몫이 된다. 이들은 언제까지나 아이의 인생에서 어려움을 다 해결해줄 수 있다고 생각하는 걸까? 당장은 아이도 부모의 도움이 고맙고 편하게 느껴질 수 있다. 하지만 아이들은 언젠가 부모 품을 떠난다. 스스로 자기 길에 홀로 나섰을 때에도 부모가 아이 곁을 졸졸 따라다니며 도와줄 수 있다고 생각하는가?

그런 아이는 살면서 자기 스스로 어려움을 이겨낸 경험이 없을 수 있다. 그렇기 때문에 부모 품을 떠났을 때 어려움을 겪게 된다면 이 고난에 부딪혀 싸우고 이겨내려 하기보다 포기하고 좌절하려는 마음이 더 강하게 나타난다. 당장 어떻게 이 고비를 헤쳐나가야 하는지, 이 고비가 내가 겪고 넘어서야 할 고비인지조차 판가름하지 못할 수도 있다. 우왕좌왕, 갈팡질팡. 아이는 혼란스럽고 두려운 마음에 그 자리에 주저앉고 말지도 모른다.

"너는 공부나 해"가 안 되는 이유

"너는 공부만 열심히 하면 돼. 나머지는 엄마가 다 알아서 할 거야"는 내 아이를 나약하게 만드는 최대의 지름길임을 부모들은 명심해야 한다. 부모가 할 일은 '공부만' 할 수 있는 편안한 환경을 제공하는 것이 아니다. 인생은 좋은 날만 있지 않다. 아이 인생도 마찬가지다. 아니, 성장의 과정이 다 그렇듯, 어쩌면 오히려 더 험난하고 다양한 혼란기를 맞을 수도 있다. 때론 거친 비바람 속에서 부모의 도움 없이 아이 스스로 잘 견뎌내야 하는 시간이 많이 필요할 수 있다. 부모는 그런 진짜 삶을 살아가면서 겪는 어려움에 대처하는 방법을 알려줘야 한다.

아이에게 어려움과 부딪쳐볼 기회조차 주지 않는 부모는 아이의 자생력을 자기 손으로 막는 부모다. 인생에서 부딪힐 수 있는 여러 상황을 경험하도록 기회를 열어줄 때 아이는 삶의 다양한 문제해결 방식을 배우면서 자랄 수 있다. 아이가 아무 일 없이 그저 편하게 책상과 친구하다가, 공부만 하다가 세상 밖으로 나온다면 아이는 '공부' 한 가지만 잘하는 아이로 남을 공산이 크다. 세상은 더하기 빼기로만 이루어지지 않았다. 공부만 하던 아이들은 낯선 세상과 적응하기 힘들다.

부모가 아이에게 알려주어야 할 것은 아이의 인생에서 고난의 비가 내릴 때 그 비를 피하는 방법이다. 예를 들어 고난의 비가 내릴 때는 우산을 써도 되고, 비옷을 입어도 된다. 아니면 처마 밑에 잠시 몸을 숨겨도 된다. 비를 피하는 방법은 여러 가지가 있다고 말해줄 수 있다. 아이가 어려움 속에서도 잘 견뎌낼 힘을 키워주는 것이 부모가 아이들에게 해주어야 할 진짜 역할이다. 아이들 인생에 개입하여 과도하게 간섭하는 모습은 옳지 못하다. 아이는 언젠가 부모의 품을 떠날 것이고 부모는 아이를 평생 보호만 해줄 수는 없음을 인정해야 한다.

부모의 과도한 개입과 과잉보호가 없어야 아이는 스스로 다양한 경험을 하며 익히고 배울 수 있다. 부모가 갖춘 자세는 아이가 스스로 할 수 있도록 기다리고 아이에게 길을 제시하는 '딱 그 정도'의 역할이다. 아이 인생의 주체자는 '아이 자신'임을 부모는 명심 또 명심해야 한다.

아이의 자율성은 엄마의 인내심 크기와 비례한다

아이는 일찍부터 스스로 혼자서 할 수 있는 법을 배워야 한다. 서너 살 즈음 되면 아이는 혼자 신발을 신으려 한다. 이 나이 때 아이들에게는 혼자 신발 신는 일도 대단한 사건이 된다. 수많은 시행착오를 겪으면서 아이는 스스로 신발을 신게 된다.

하지만 이때 엄마가 인내심을 가지고 아이를 지켜보는 일이 쉽지만은 않다. 성격 급한 부모라면 아이의 서툰 모습을 기다려 주지 못하고 대신 신겨주고 만다. 또 급히 외출할 일이 있는데 아이가 현관에서 혼자 신발을 신겠다고 시간을 지체하는 것을 참아주지 못하는 경우도 많다.

그러나 아이 입장을 생각해보자. 아이는 서툴지만 혼자 무엇인가에 도전하려 시도하고 있다. 마음은 굴뚝 같은데 자꾸 도망가는 신발, 오른쪽과 왼쪽의 구별은커녕 발을 제대로 집어넣기도 힘들다. 이렇게도 해보고 저렇게도 해보며 아이는 힘을 쓴다. 이 과정은 그 자체로 아이에게 매우 귀중한 시간이다. 최초로 독립성과 자율성을 경험하는 순간이다. 부모 눈에는 사소한 행동으로 보이겠지만 아이에게는 아주 큰 사건인 셈이다.

그런데 엄마가 나서서 아이를 제지한다면 아이 마음은 어떨까? 아이 혼자서 할 수 있는 일이 하나둘씩 늘어나면서 아이는 스스로 할 수 있다는 자신감을 얻어간다. 생활 속에서 벌어지는 작은 과제들을 수행하며 아이들의 자신감의 키는 훌쩍 자라난다. 사소한 신발 신기라도, 사소한 양말 벗기라도 아이 혼자 하도록 놔두자.

아이의 인생을 대신 살아줄 수 없다. 언제까지 아이의 손과 발이 되어줄 수도 없다. 아이가 요구하기도 전에 일일이 다 해주면서 "너는 엄마 없이 아무 일도 못하는구나"라는 말을 습관처럼 하는 엄마들이 있다. 입으로는 아이가 아무것도 못해 힘들다고 투덜대면서 정작 아이의 일을 먼저 다 해주고 있다면 당장 그 일을 멈추어야 한다.

여기서 더 나아가 엄마는 아이가 자신을 필요로 한다는 것에 자신의 존재감을 부각시키며 "이런 엄마가 어디 있니?"라며 우쭐

하기도 한다. 이런 우월감은 엄마에게 필요없다.

처음부터 잘하는 사람은 없다. 무엇이든 처음에는 서툴지만 반복하고 연습하면서 익히고 배우는 것이다. 아이의 배움도 이와 같다. 혼자 신발을 신을 때 처음에는 시간이 많이 걸릴 수 있다. 하지만 연습과 연습을 거듭하다 보면 아이는 익숙해지면서 결국엔 성공하게 될 것이다.

스스로 혼자 잘하는 아이들 뒤에는 아이를 믿고 바라봐주는 부모가 있음을 명심해야 한다. 서툰 모습이지만 참고 기다려주는 부모가 있을 때 아이의 자율성과 독립성은 단단히 뿌리 내릴 수 있다. 부모의 인내심과 아이의 자율성이 적절하게 교집합이 이루어져야 하는 이유다.

자율성과 자기조절력은 연습해야 자랄 수 있다

유독 양보를 못하는 아이들이 있다. 심한 경우 양보 없이 제 멋대로 행동하고 자기 생각만 하는 모습을 보이는 아이들도 있다. 그런데 이런 아이들 옆에는 지나치게 허용적인 태도를 보이는 부모가 있게 마련이다. 이런 부모들은 아이의 이기적인 행동을 보고도 "아이들끼리 놀다 보면 그럴 수도 있지", "크면 다 괜찮아져" 하며 아이의 행동을 대수롭지 않게 합리화하곤 한다. 그러나 이는 완전한 부모의 착각이다.

아이에게 부모가 무조건 맞춰주려 하고 아이의 행동을 허용하기만 하는 태도는 아이를 망치는 지름길이다. 아이에게 배울 기회를 전혀 주지 않는 결과를 낳기 때문이다. 아이들은 만 두 살쯤 되면 자기 혼자 걷고, 완전하지는 않아도 의사를 표현할 수 있다. 이때부터 아이는 서툴지만 스스로 할 수 있는 일이 많아진다. 서툰 아이의 모습을 보며 기다려주기보다 급한 마음에 엄마가 대신 해줘버린다면 아이는 스스로 연습할 기회를 상실하게 된다. 예의와 매너, 상대에 대한 공경의 태도도 마찬가지다. 아이가 직접 할 수 있도록 가르쳐주고 알려주어야 한다. 엄마가 대신 사과하는 일도 대신 해주는 일도 그래서 나쁘다.

과잉 부모는 연습의 기회는 제공하지 않고 아이가 커감에 따라 뒤늦게 자율성과 자기조절 능력을 요구한다. 그리고 이런 자율성이 보이지 않으면 아이를 통제하면서 억지로 이를 주입하려 한다. 하지만 아이는 이미 의존적인 성향이 강해서 스스로 할 줄 아는 게 없다. 부모만 졸졸 따라다니고, 부모에게 무조건 맡긴다. 타율성을 습관화한 탓이다.

따라서 부모는 발달 시기에 맞게 아이에게 적절한 경계선을 알려주고 그 안에서 아이가 원하는 것을 할 수 있도록 허용해줄 필요가 있다. 혼자 밥을 먹게 숟가락을 쥐어주고, 물그릇을 엎을지라도 혼자 마실 수 있게 놔두어야 한다. 아이가 원하는 옷이 있다면(계절에 맞는다면) 아이 뜻대로 입게 놔두고 원하는 신발을 골라 신게 해준다. 스스로 고른 옷을 입고 거울 앞에서 방긋 웃고 있다면 아이는 지금 자기 스스로 흠뻑 만족했다는 표시다.

자발적인 동기를 주자

자발적인 동기를 제공해주는 일은 그 어떤 것보다도 매우 중요하다. 이런 허용은 아이의 건강이나 안전에 관계된 일도 아니고 남에게 피해를 주는 일도 아니다. 자발적으로 동기가 생길 때 자율성 발달도 자연스럽게 이루어진다. 엄마와 아이가 힘겨루기를 하는 일들은 대부분 심각하지 않은 문제들이다. 아이가 어떤 옷을 입든, 색 조합이 이상하든 말든, 아이가 선택했다면 그것으로 끝이다. 어떤 장난감을 가지고 놀 것인지, 빵집에서 어떤 빵을 고를 것인지도 아이에게 맡겨두자. 이런 경험이 하나씩 쌓이면서 아이는 자율성, 자기조절력을 배우게 된다.

나는 종종 두 아이를 키우면서 아침마다 실랑이를 벌였다. 유치원에서 체육 수업이 있는 날에는 아이가 불편할까 봐 바지를 입히려 했고, 아이는 치마를 입고 간다고 떼를 쓰곤 했다. 지금 생각해보면 뭐가 그리 대수라고 아침마다 서로 부정적인 감정을 느끼며 그런 실랑이를 벌였는지 모르겠다. 아이가 치마를 입는다고 고작 유치원에서 하는 체육 활동을 제대로 못하지는 않았을 텐데, 괜히 아이의 고집을 꺾는다고 힘겨루기를 했던 시간이 미안하다.

설사 아이가 자기 선택에 따라 치마를 입고 갔더라도, 체육 시간에 치마 때문에 불편했다면 아이는 이를 경험으로 다음번에는 바지를 입고 갈 것이다. 그때는 아이의 자율성보다는 아이가 느낄 불편함에만 신경 썼다. 엄마의 섣부른 생각으로 아이에게 선택의 기회를 충분히 주지 못했던 점들을 반성한다.

부모가 아이에게 제대로 된 자율성과 자기조절력을 연습할 충분한 기회와 시간을 줄 때 아이는 실패를 맛보며 자기 것이 되는 경험치를 쌓을 수 있다. 그리고 이것은 아이가 커서 사회 속에서 타인과 관계를 맺으며 살아갈 때 밑거름이 되어줄 것이다.

아이의 동기부여에
흥미를 더하라

아이들은 '좋아하는 것'에 집중한다

아이에게 학습력보다 더 중요한 것은 동기부여다. 부모는 아이가 동기부여를 가지고 스스로 성취를 경험했을 때 더 열심히 하며, 자존감도 더 커지는 것을 알아야 한다. 무조건 아이의 학습력이 좋다고 아이의 결과를 보며 칭찬하지만 동기부여가 존재하지 않는 학습력은 그리 오래가지 못한다. 이런 예로 흔히 등장하는 사례가 '뒤늦게 사춘기가 온 아이들'이다.

부모의 뜻을 한 번도 거스르지 않고 명문대학에 진학한 자녀가 갑자기 학업을 포기하고 유럽 배낭여행을 떠난다든지, 작가가 되겠다며 잘 다니던 의대를 중퇴하는 예가 그런 경우다. 심지어는 남들이 다 부러워하는 대기업에 취직해서 몇 달 다니다가 모든 경력을 포기하는 자녀도 있다. 뒤늦게 자신이 원하는 삶을 살겠다고 선언하고 나서는 것이다. 이런 아이들은 부모의 기대에 그 길을 끝까지 갔지만 결국 자신이 원하는 인생을 찾겠다며 긴 방황의 터널에 들어가기도 한다.

이처럼 아이가 스스로 원하고 스스로 좋아하는 것을 하지 않는다면 아이들은 인생의 바다에서 항해할 수 있는 동력을 언제라도 상실할 수 있다.

따라서 어려서부터 아이를 학습력으로만 평가하고, 아이가 부모의 뜻을 잘 따른다고 이것이 아이의 본심이라고 섣불리 생각해서는 안 된다. 학습력이나 시험 결과, 성적 등은 아이에게 동기부여의 힘을 자라나게 할 수 없기 때문이다. 아이가 어떤 것에 흥미를 가지는지, 어떤 일에 자극을 받는지, 관심 대상은 무엇이고 무엇을 좋아하는지 등이 아이의 동기부여를 자극해줄 수 있는 유일한 자극제다.

놀이와 공부, 두 가지를 다 잡는 방법

동기부여에 관해서라면 부모가 아이가 좋아하고 흥미를 가지고 있는 대상에 놀이와 학습을 더해주는 것이 가장 좋다. 부모는 학습과 놀이를 둘 다 고려하면서 동기부여 제공이라는 긍정적인 역할을 제대로 해줄 수 있고 아이는 자신이 좋아하는 것을 반복해서 경험하면서 학습으로 이어갈 수 있기 때문이다. 이런 경우 아이는 스스로 문제를 해결하면서 성취감도 경험할 수 있게 된다. 실패하거나 실수해도 자신이 관심을 두는 대상이기에 다시 도전하고 성취하려는 동기가 피어날 수 있다.

예를 들어 아이가 수학 문제집 푸는 것을 너무 싫어한다고 했을 때 "그렇게 공부 안 해서 어떻게 학교 수업을 따라가겠니? 대체 정신이 있는 거야 없는 거야?"라며 아이의 태도를 비난하고, 아이를 한심한 아이로 만들기보다는 아이가 좋아하는 활동으로 공부를 유도하거나 흥미를 돌리는 것이다. 만일 아이가 종이접기를 좋아한다면 이 활동에 부모가 원하는 수학 공부를 더해 좀 더 난이도 있는 책을 권하는 것이다.

"도형 접기 책도 있던데 한번 도전해볼래? 정육면체부터 정이십면체까지 만들 수 있어. 재미있을 것 같지 않아?"

이렇게 넌지시 아이에게 도움이 되는 책을 제안해주는 것도 좋다. 아이가 바로 그 제안을 받아들이지 않을 수도 있지만, 아이의 시선은 아마 그 책에 초점이 맞춰져 있을 것이다. 그리고 좀 더 기다려보면 어느새 아이가 그 책을 펴고 종이접기를 하고 있을 날이 올 것이다.

이렇게 조금만 부모가 시선을 돌려 아이의 관심 대상이 무엇인지를 파악하고 아이의 관심에 학습을 더하여 놀이로 제안해준다면 아이들은 성공적인 경험도 실패하는 경험도 모두 다 해볼 수 있다. 이를 가능케 하는 것은 아이를 믿고 끊임없는 기회를 제공해주는 일이다.

부모가 아이에게 좋아하는 활동을 제안하면서 다른 학습으로 연계시킬 경우 아이는 이를 공부라고 생각하지 않는다. 따라서 부모와 아이가 부딪치지 않고 서로가 원하는 바를 이룰 수 있는 가장 현명한 방법이 될 수 있다.

동기부여가 없는 아이는 긴 인생의 계단을 오르기 힘들다. 아이의 발달 시기에 맞춰 아이가 지금 현재 할 수 있는 것들에 대해 현실적인 목표를 가지고 아이가 작은 성취감들을 경험해볼 수 있도록 충분한 기회를 주자. 그렇게만 한다면 아이는 얼마든지 자신이 지닌 재능과 흥미를 마음껏 펼쳐볼 기회를 다양하게 얻을 수 있을 것이다.

질문을 바꾸면 답도 바뀐다

부모가 내 자녀에게 알려줘야 하는 가장 중요한 것은 무얼까?

"너는 커서 뭐가 되고 싶어?"라고 아이에게 물으면 아이는 명확하게 답하기 어려워할 수 있다. 이 같은 부모의 물음에 쉽게 대답하는 아이도 있겠지만 대부분 아이들은 아직 잘 모르겠다고 대답한다. 이런 경우 부모는 질문의 내용을 바꿀 필요가 있다. 이때는 아이들에게 이렇게 물어보자.

"좋아하는 것이 무엇이니?", "좋아하는 놀이는?"

아이들에게 내용을 바꿔 질문하면 아이들은 아주 쉽게 "공룡 좋아해요", "로보캅 폴리 좋아해요", "나는 축구하는 게 좋아요" 같이 자신이 좋아하는 것을 꼽을 수 있다.

부모는 관점을 바꿔야 한다. '우리 아이는 꿈이 없어요', '정말 무엇을 좋아하는지 모르겠어요' 같은 판단은 부모 자신의 잘못되고 섣부른 생각이다. 즐겁게 놀 때, 아이들은 지루해하거나 싫증을 느끼지 않는다. 자기 관심사 안이라면 아이들은 그 놀이가 아무리 여러 번 되풀이되어도 흥미를 잃지 않고 몰두한다. 그것이 바로 아이가 좋아하고 관심을 두는 대상이다.

그 대상은 놀잇감일 수도 있고 물고기일 수도 있고 곤충일 수도 있다. 더러는 운동일 수도 있고 또 텔레비전에 나오는 주인공일 수도 있다. 관심 대상은 아이마다 다르다. 내 아이가 오랜 시간 동안 집중하고 싫증을 느끼지 않는다면 그것은 바로 아이의 관심 그 자체라고 부모는 인정해야 한다. 부모가 아이의 마음을 알기 위한 일은 여기서부터 시작된다.

작은 성취감들이 쌓여 큰 성취감의 밑바탕이 된다

성공한 사람들의 어린 시절을 돌아보면 그들에게는 한가지 공통점이 있다. 어린 시절부터 성취감을 경험했다는 사실이다.

아이가 쉽게 성취감을 경험할 수 있는 가장 좋은 방법으로는 어떤 것이 있을까?

성취감을 느끼기 위해서 꼭 거창하게 계획을 세우고 계획에 맞춰 실행하고 완료해야 하는 것은 아니다. 성취감은 어릴 때부터 일상생활에서도 얼마든지 경험할 수 있다. 어린 나이에도 집안일을 경험하며 짧은 시간이나마 성취감을 맛본 아이들은 집안일을 경험하지 않은 아이들에 비해 자립심과 책임감이 강했다. 또한 집안일을 경험하지 않은 아이보다 집안일을 경험한 아이들이 성공할 확률이 더 높았다.

꼭 어렵고 힘든 일이 아니어도 좋다. 아이 스스로 충분히 할 수 있는 장난감 정리하기, 쓰레기통에 쓰레기 버리기, 반려동물에게 밥 주기, 화초에 물 주기, 현관의 신발 정리하기 같은, 아이들이 책임감을 가지고 할 수 있는 집안일들은 얼마든지 많다. 아이의 발달에 따라 난이도를 조절해서 빨래통 안에 양말 넣기, 빨래바구니에 옷 넣기 등 아이 스스로 혼자 해볼 수 있도록 기회를 준다면 아이는 작고 사소한 것들에서 성취감을 느낄 수 있다. 그리고 여기에서 자신감의 뿌리가 자라난다.

여기서 한 가지 주의해야 할 것은 집안일을 한다고 아이에게 보상을 하면 안 된다는 것이다. 이를테면 '용돈'을 주거나 대가로 장난감을 사주거나 하는 행동은 옳지 못한 방법이다. 집안일은 당연히 가족으로서 참여해야 할 일이다. 당연히 해야 하는 일에 대해 물질적인 보상을 한다면 아이에게 집안일은 참여가 아니라 대가로 전락하게 된다. 물질적 보상보다 칭찬, 격려 등의 말이 아이에게는 훨씬 좋다. 당연히 해야 할 일에 물질적인 보상을 주는 일은 아이의 성장에 방해가 될 뿐이다.

거실을 정리하고 쓰레기통을 비우고 현관의 신발을 정리하고 나서 깨끗해진 집을 보면서 아이는 성취감을 느낄 수 있다. 이 성취감은 아이에게 그 무엇과도 바꿀 수 없는 자신감의 원천이 되어준다. 이렇게 쌓아 올린 성취감들이 모여 '나는 혼자 할 수 있다'라는 자신감을 키우고 더 나아가 자존감도 세울 수 있게 된다. 그리고 이것이야말로 스스로 아이가 동기부여를 하는 삶의 근간이 되어준다.

적절한 기대와 칭찬이 아이의 성취 욕구를 키운다

부모의 기대감이 지나치게 높거나 아니면 반대로 너무 낮거나 무관심할 때 아이는 성취 욕구가 작아지고 자신감이 발달하지 못한다. 특히 부모가 지나치게 많은 것을 바라고 완벽함을 추구한다면 아이는 실패에 대한 두려움 때문에 동기가 낮아진다.

한 아이가 시험지 채점 결과를 받고 충분히 만족스럽다고 생각하며 자신 있게 부모에게 성적표를 보여줬다. 하지만 부모가 아이의 점수를 보고 "80점밖에 못 받았네. 수고했어"라고 말한다면 아이는 마음에 큰 상처가 남을 수 있다. 부모가 던진 "수고 했어"라는 말보다는 "~밖에 못 받았네"라는 실망의 말투와 태도 만 더 크게 남게 된다. 아이의 자존감은 더 낮아지고 아이는 부 모에게 실망하고 스스로에게 실망한다. 처음에는 스스로 충분히 잘했다고 생각했지만, 부모의 태도로 인해 자존감이 무너져버린 탓이다.

반대로 부모가 아이에게 낮은 기대감을 보이며 "너 하고 싶은 대로 해봐"라고 하는 경우도 있다. 이때 아이는 성취에 대한 욕 구 자체가 없어질 수 있다. 여기서 한 발 더 나아가 아이에게 아 무런 기대감을 보이지 않는 부모도 있다. 이런 부모는 거의 무관 심의 태도로 일관하기도 하는데, 대개 아이의 생활이나 학습에 는 전혀 관심이 없고 오로지 자신들의 문제나 생활에만 관심을 기울인다. 이럴 경우 부모와 아이는 소통할 기회가 거의 없어지 고, 아이들 또한 성취 욕구나 자신감 발달과는 거리가 먼 성장을 하게 된다.

아이들은 부모를 보고 배운다. 부모는 아이에게 잡은 물고기 를 바로 주기보다는 물고기 잡는 방법을 알려주어야 한다. 아이 를 공감하고 이해하며 동기부여해주려는 노력을 멈추지 말아야 한다. 이를 위한 뿌리는 적절한 기대와 칭찬, 격려임을 잊지 말 아야 할 것이다.

시간부터 게임까지
관리하는 습관을 들여라

저절로 되는 일은 없다

부모가 아이들을 훈육하고 가르칠 때 주의할 점이 하나 있다. 바로 아이에게 정확하고 바른 방법은 알려줄 생각은 안 하고 아이에게 왜 그 정도도 못하냐고 다그치는 일이다.

"너는 왜 그렇게 참을성이 없니?"부터 "이런 일쯤은 네가 스스로 해야 하는 거 아니야?"까지 부모가 아이들에게 하는 '핀잔과 잔소리'는 다양하다. 내가 이를 '핀잔과 잔소리'라고 지칭한 이유는 부모가 정작 가르쳐줄 생각은 안 하고 아이에게 그 책임을 미루기 때문이다.

참을성, 책임감 등은 자기조절력이 바탕이 되어야 한다. 하지만 이 능력은 어느 날 갑자기 저절로 생겨나는 게 아니다. 아이가 스스로 배우고 할 수 있는 일이 아니라는 뜻이다. 따라서 부모는 아이에게 조절할 수 있는 방법은 가르쳐주지 않고 아이를 비난하는 말을 하거나 상처를 주면 안 된다.

여기서 부모가 해야 할 일은 아이가 조절하는 힘을 기를 수 있도록 시간을 주고 기다려주는 일이다. 만일 아이가 자신에게 주어진 규칙이나 약속 등을 잘 참고 견뎠다면 부모는 이에 적절한 보상을 해야 한다.

여기서 포인트는 힘들게 노력한 아이에게 아이가 좋아하는 활동으로 보상해야 한다는 점이다. 물질적인 보상이 아니라 아이가 좋아하는 활동을 할 수 있도록 충분히 시간적으로 보상해주자. 예를 들면 아이가 좋아하는 유튜브를 마음 편하게 시청하기, TV 시청하기, 만화책 읽기, 만들기 등 아이가 좋아하는 활동을 인정해주고 충분히 여유 있게 할 수 있도록 시간을 보장해주는 것이다.

어떤 아이도 무조건 참고 견디라고 한다면 자기조절력을 키우기 힘들다. 힘들게 노력한 아이에게 부모는 아이가 좋아하는 활동을 충분히 할 수 있도록 보상해주고 거기다 칭찬과 격려를 해준다면 아이는 다음번에도 참을성을 또 한 번 발휘할 수 있을 것이다.

이 시간을 잘 참고 그 뒤에 자신이 하고 싶은 활동으로 충분히 보상받을 수 있다는 믿음이 자리 잡힌다면 아이에게는 부모에 대한 믿음과 신뢰 그리고 규칙과 약속에 대한 중요성이 심어질 수 있다. 그래야 규칙과 약속을 잘 지키고 스스로 참고 조절해보려고 노력하려는 힘이 생기는 것이다. 힘들지만 잘 참고 버틴 후에는 달콤하고 꿀맛 같은 자기만의 시간이 돌아온다는 것을 믿는다면 이 약속을 지키지 않는 아이는 드물 것이다.

책가방 챙기기부터 시작해보자

아이는 학년이 올라가면 스스로 책가방을 챙기고 준비물을 챙길 줄 알게 된다. 그런데 2학년 심지어 3학년이 되어도 이 일을 제대로 못하는 아이들이 있다. 이때 부모는 아이를 먼저 탓하기 전에 자신의 양육 태도부터 돌아봐야 한다.

아이가 저학년일 때는 부모가 아이에게 도움을 줄 수 있다. 하지만 1학년이 지나서도 계속해서 부모가 개입해서 가방을 챙겨주고 준비물을 대신 챙겨준다면 아이는 자기가 직접 준비물을 챙기고 숙제를 챙기는 일에 무관심할 수 있다. 아이가 배워야 하는 것은 자신이 직접 준비물을 챙기고 가방을 챙기는 습관이다. 여기서부터 아이가 스스로 독립적으로 학교 갈 준비를 하는 연습이 시작된다고 볼 수 있다.

만약 습관이 들지 않은 아이에게 갑자기 혼자서 준비하라고 하면 아이는 난감해할 수 있다. 그러니 아이와 단계별로 차차 책

가방 챙기는 연습을 해나가면 된다. '아이가 혹시 준비물을 빠뜨리면 어떡하지?', '숙제를 빠뜨리고 안 해가면?', '알림장을 제대로 못 써오면 큰일인데'라는 부모의 걱정은 잠시 접어둔다. 아이 혼자 준비하게 한 뒤에 같이 점검하는 시간을 가지면 이 문제는 다 해결된다.

충분한 기회를 주고 여러 번 시행착오를 겪으면서 아이는 결국 자기 방법을 찾아갈 것이다. 설사 준비물을 실수로 빠뜨리고 챙겨가지 않아도 괜찮다. 아이는 그 과정에서 또 다른 것을 배울 수 있어 그것도 좋다. 준비물을 챙겨가지 않은 결과를 온전히 맞닥뜨리고 경험하면서 다시는 빠짐없이 준비물을 잘 챙겨가야겠다는 배움을 얻을 것이다.

부모라면 아이가 배울 수 있도록 한 발짝 뒤로 물러나서 기다려주는 사람이어야 한다. 다양한 실수와 경험을 통해 배우고 익힐 수 있도록 무대를 마련해주어야 한다.

내 아이의 학습력이 또래보다 높은 발달을 보이고 있지만 또래가 다 할 수 있는 주변 정리나 책가방 싸기, 준비물 챙기기, 자신의 청결 관리 등에서 현저하게 낮은 수준을 보인다면 아이의 발달 수준이 적합하다고 볼 수 없다. 모든 발달은 조화를 이루면서 나아가야 하는 것이다.

부모는 아이의 특정 학습력만 가지고 칭찬하기보다는 아이의 생활 습관을 보면서 아이에게 부족한 부분은 어떤 것인지 객관적인 눈으로 바라봐주고 아이에게 필요한 능력을 키울 수 있도록 충분한 도움과 가르침을 주어야 한다.

백 마디 말보다 한 번의 행동이 더 중요하다

아이가 일상생활에서 효과적으로 자신을 관리하도록 가르치기 위해서는 부모가 먼저 솔선수범하는 모습을 보여야 한다. 부모가 직접 보여주며 아이에게 일상에서 효과적으로 자기 관리법을 알려줄 때 아이는 자연스럽게 이를 습관으로 익히고 배울 수 있다.

스스로 조절하는 방법을 배우고 익히는 아이는 없다. 아이의 동기를 북돋기 위해서라도 부모가 직접 행동으로 본보기를 보여야 한다. 계획의 중요성을 알려주기 위해서 부모가 먼저 계획을 세워 하루를 보내는 모습을 보여주면 어떨까? 그러면 아이는 생생한 체험학습을 눈앞에서 볼 수 있어 다음번 자기 계획을 세울 때 참고할 수 있다. 또 부모가 직접 시범을 보여준다는 생각에, 자극을 받고 큰 동기부여가 될 수도 있다.

옛말에 '백언불여일행(百言不如一行)'이라고 하지 않았던가? 백 마디의 말을 아이에게 하는 것보다 한 번 행동으로 보여주는 것이 더 낫다. 아이는 부모의 행동을 모델 삼아 배운다. 아이에게 '공부해라', '독서해라' 등 지시만 하지 말고 부모가 직접 규칙적인 생활을 하면서 모범을 보이면 아이는 자연스럽게 따라 하게 될 것이다. 부모는 전혀 하지 않고 있으면서 아이에게 의무 사항만 잔뜩 지시하고 명령한다면 아이 머릿속에는 '엄마, 아빠나 잘하지 둘 다 안 하면서 맨날 나한테만 하래'라는 불만의 싹이 자랄 수 있다.

아이에게는 약속이나 규칙을 강조하면서 정작 부모 자신은 생활 속에서 지키지 않고 그냥 지나쳐버리는 것들이 많다. 오늘은 기분이 이래서, 오늘은 회사 일이 이렇게 되어서라는 핑계로 부모 역시 기분을 조절하지 못하는 모습을 보여주면서 아이에게는 균형 잡힌 조절력을 바란다면 이는 공염불로 남게 될 것이다. 게다가 부모를 무시하는 마음이 보너스로 따라올지도 모른다.

아이들이 '극대노'하지 않도록

부모도 자신의 기분과 상관없이 무조건 지켜야 하는 생활 속 규칙들이 있다. 남편과 싸웠다고 남편에게 늘 차려주던 아침을 차려주지 않거나, 오늘은 TV 프로그램이 너무 재미있다는 이유로 평소보다 늦게 잠자리에 드는 행위, 아이들과 남편을 위한 쇼핑이라는 핑계로 예정에도 없는 쇼핑을 한다면 그 모습을 지켜본 아이들은 부모의 말을 곧이곧대로 듣기 힘들 것이다.

어른이라는 이름은 결코 자기 마음대로 세상을 살 수 있고 모든 것이 허용된다는 증명서가 아니다. 어른 밑에는 그 모습을 지켜보는 아이들이 있다. 정작 부모는 제대로 조절하지 않으면서 아이에게만 조절력을 키우기를 원한다면 이는 아이들의 입장에서 '극대노(극한의 큰 분노)'할 일이다.

부모는 자신이 먼저 노력한 이후에 아이에게 노력을 바라야 한다. 부모는 아이들에게 세상에는 하기 싫어도 자기 기분과 상관없이 꼭 해야 하는 일상의 일들이 있음을 알려주어야 한다. 누구나 하기 싫고 귀찮아서 그냥 미루고 싶지만 남에게 검사받기 위해서 하는 일이 아니라 우리 가족의 건강을 위해 규칙적으로 하는 일임을 부모가 먼저 나서서 보여준다면 아이들도 이를 따라 하게 될 것이다.

핸드폰 알람과 타이머를 활용하자

아이들에게 해야 할 일을 알려주었다면 이제는 시작과 멈춤을 계획하고 연습할 수 있는 방법을 알려주면 좋다. 이 방법은 아이들이 시간을 더 계획성 있게 쓸 수 있도록 도와준다.

일례로 계획한 일을 시작하기 전에 핸드폰으로 알람을 울리도록 설정해놓으면 시작하는 시간을 잊지 않을 수 있다. 그리고 정해진 일을 수행하는 동안 타이머를 작동시켜 진행 시간을 기록하면 다음번 같은 일을 계획할 때 소요 시간을 가늠할 수 있어

도움이 된다. 알람 기능이나 타이머 기능처럼 시청각 자극을 주어 시간을 조절한다면 계획을 짜고 수행하는 일이 훨씬 짜임새 있게 된다.

이 과정에서 부모는 아이에게 규칙과 약속 지키기를 같이 연습시킬 수도 있다. 알람 소리를 몇 번 반복하게 해두면 아이가 정해진 일을 미루다가도 적절한 타이밍에 다시 계획된 일로 돌아올 수 있다. 또 일을 진행할 때는 청각(알람 소리)으로 한 번, 시각(타이머)으로 한 번 해서 두 가지 자극을 활용하면 훨씬 효과적으로 시간을 체크하는 연습을 할 수 있어 좋다.

자기조절력을 기르고 연습하는 일이 처음부터 잘되지 않을 수 있다. 하지만 부모가 옆에서 도와주고 아이가 이를 습관화할 수 있도록 기다려준다면 아이는 점차 스스로 조절하고 계획하는 일들을 그다지 어렵게 느끼지 않게 될 것이다. 자기조절력은 사회성, 학습력, 일상생활의 습관을 형성하고 이를 수행하는 핵심 역량이다. 부디 아이들과 함께 이 역량을 단단히 할 수 있는 길에 동참하는 멋진 부모가 되어주기를 바란다.

욕구를 절제할 수 있는
환경을 만들자

마시멜로 실험은 바뀌어야 한다

아이들의 참을성은 길지 않다. 그러니 부모는 아이에게 무조건 참고 감정을 억제하라고 강요하기보다는 아이가 제대로 잘 참을 수 있는 방법을 알려주는 것이 더 효과적이다. 세상은 아주 빠르게 변하고 있다. 각종 정보가 넘쳐나는 세상에서는 유익한 정보도 있지만 아직 생각의 뇌가 다 자라지 않은 아이들에게 위험할 수 있는 정보 또한 넘쳐 흐른다. 따라서 부모는 아이가 급변하는 환경에서도 제대로 잘 견디고 자랄 수 있도록 길을 안내해야 한다.

아이를 돕는 방법은 무조건 위험한 환경을 차단하는 게 아니다. 아무리 부모가 통제하려고 해도 가능하지 않은 데다가 이런 방식이 합리적이지도 않기 때문이다. 또래 친구들을 통해서, 인터넷과 SNS를 통해서 아이들은 언제든 어떤 정보도 접할 수 있는 시대다. 아이가 스스로 자기조절을 할 수 있는 능력을 기르는 것이 중요한 이유다.

자기조절력을 말할 때 흔히 드는 실험이 '마시멜로 실험'이다. 1960년대 스탠퍼드대학교 교수인 월터 미셸과 동료들이 진행한 이 실험은 오랫동안 유아의 조절 능력을 평가하는 잣대로 사용되어왔다. 이 실험에서 평가자는 아이에게 마시멜로 한 개를 주고 15분 동안 먹지 않고 기다린다면 마시멜로를 하나 더 주겠다고 제안한다. 참고 기다린다면 아이가 받을 수 있는 마시멜로는 총 두 개가 되는 셈이다. 연구팀은 이후, 이 실험에서 15분을 참고 기다렸던 아이들은 나중에 대체적으로 학업 성취도가 높았고 사회성이나 대인관계가 좋았다고 보고했다. 또 과체중이나 마약 남용 등의 문제를 가진 경우도 적었다고 보고했다.

물론 이 실험에 참가했던 모든 아이가 다 15분을 참고 기다리지는 않았다. 아이들이 눈앞에 놓인 맛있는 마시멜로를 15분간 먹지 않고 참기란 무척 어렵다. 그렇다고 참지 못한 아이들이 자기조절력이 떨어지는 아이들이라고 단정해도 될까?

생각을 바꿔 다른 방법을 적용했다면 15분을 기다릴 수 있는 아이들은 훨씬 많아질 수 있다. 이를테면 마시멜로를 상자 안에 넣어 안 보이게 하거나, 아이가 집중할 수 있는 다른 놀잇감을 제공하거나 아니면 아예 다른 방에서 15분을 기다리게 했다면 결과는 많이 달라질 것이다. 이럴 경우 아이들은 눈앞에 있는 마시멜로를 참는 것보다 훨씬 더 쉽게 참아볼 수 있다!

여러 방법을 써서 아이가 눈앞에서 마시멜로만 쳐다보게 하지 않는다면 아이들은 훨씬 쉽게 유혹을 뿌리치기 쉬워진다. 최근 연구는 기존 마시멜로 실험 결과에 대해 회의적이다. 아동의 사회경제적 배경을 간과했다는 지적도 있고 여러 조건이 미비했다는 지적도 있다. 나는 개인적으로 마시멜로 실험에서 어른이라면 아이에게 욕구를 절제할 수 있는 환경을 만들어주었어야 한다고 생각한다.

아이를 키우는 일도 마찬가지다. 부모는 아이에게 유혹 거리를 제공하고 이를 얼마나 참는지 실험하는 사람이 아니라 아이가 자신의 욕구를 가능하면 절제하고 참아낼 수 있도록 환경을 만들어주는 사람이 되어야 한다. 주변이 도와줄 때 아이는 훨씬 쉽게 유혹을 이겨내고 인내심을 얻을 수 있다.

'욕구 차단 서비스'는 부모가 해야 할 최소한의 예의

아이가 욕구를 절제할 수 있도록 부모가 환경을 차단하는 것은 아이를 도와주는 최소한의 배려이자 예의다. 아이는 아직 억제하고 조절하며 스스로 계획하고 실천하는 기능이 성숙하지 않은 탓이다. 일상에서 부모가 아이의 자기조절력을 해치는 가장 빈번한 사례 두 가지를 소개한다.

첫째, 부모가 아이에게 "들어가서 공부해"라고 말하지만 정작 부모는 거실에 앉아 TV를 시청하는 일이 가장 흔한 사례다. 본인들은 시끄럽고 왁자지껄하게 TV 볼륨을 켜놓고 웃고 떠들면서 아이에게는 조용히 잠자코 공부나 하라고 하는 것이다. 잠시 방 밖으로 나와 주방에 들어가는 아이에게 "왜 자꾸 들락날락해? 너는 주의집중을 못하는 게 문제야" 하며 핀잔까지 주는 부모도 있다. 아이는 어이가 없을 뿐 아니라 부모들이 시시하게 느껴진다.

부모가 먼저 집중하기 힘든 환경을 만들어놓고는 아이에게 집중력이 없다고 비난하는 것은 옳지 못하다. 대개의 가정집은 거실이 중앙이므로 거실의 소음은 방 전체로 전달될 수밖에 없다. 여기서 부모가 해야 할 일은 아이가 공부에 집중할 수 있는 조용한 환경을 최대한 만드는 일이다.

부모가 TV를 봐야 한다면 가능하면 안방으로 들어가 시청하는 게 가장 좋다. 안방에 TV가 없다면 아이에게 먼저 양해를 구하고 조용히 시청해야 한다. 시끄러운 환경에서는 누구든 집중력이 떨어진다. 아이만 부모를 존중해야 하는 것이 아니다. 부모가 아이를 최대한 존중해줄 때 아이도 책임감 있게 자신의 마음을 조절하고 더 절제하려는 마음을 품게 될 것이다.

둘째, 아이에게는 다이어트를 하라고 권하면서 냉장고에 음식을 가득 채워놓거나 아이를 제외한 식구들은 야식을 먹는 일도 일반적인 가정에서 많이 나타나는 일이다.

"살찌니 그만 먹어", "너는 다이어트 좀 해야 돼"라고 말하면서 늦은 밤에 치킨이나 피자를 배달시켜 먹는 가족들이 있다. 이런 행동은 아이의 조절을 무너뜨리는 위험한 행동일 뿐 아니라 아이의 마음까지 해치는 나쁜 행동이다.

식욕 조절은 어른일지라도 절제하고 참기 힘든 일이다. 그런데 부모가 나서서 아이의 모습을 지적하며 "너무 뚱뚱해", "너 살 빼야겠어", "또 먹니? 그만 좀 먹어라" 하는 부정적인 말을 자주 한다면 아이는 상처를 더욱 깊게 받는다. 거기에 대고 아이를 뺀 나머지 식구들은 '다이어트'와는 전혀 상관없다는 태도로 일관한다면 아이는 다이어트는커녕 가족에 대한 서운함으로 이중고를 겪을 것이다.

아이에게 다이어트는 외형의 모습을 위한 것이기보다는 건강을 위한 것이므로 이를 위해 노력해보자고 동기부여해주어야 한다. 그리고 이를 위해 부모가 먼저 건강한 음식을 먹고 절제하는 생활을 실천하는 게 우선이다. 부모부터 삼시 세끼 건강한 음식을 먹고 적절하게 운동하며 아이에게 건강한 생활을 하는 모습을 보여주는 것이다.

아이의 다이어트를 돕는답시고 부모가 같이 굶고 식욕을 통제하는 방식을 쓴다면 아이는 음식을 먹는 행위 자체에 대해 부정적 태도를 갖기 쉽다. 다이어트는 어디까지나 미용이 아니라 건강을 목적으로 해야 한다. 아이의 식습관을 바로잡을 수 있도록 가정 내 환경을 만들고 식구들이 힘을 합쳐 도와줄 때 아이는 건강하게 스스로를 조절하며 억제하는 방법을 배워 다이어트에 성공할 수 있게 된다.

최소한의 개입으로 관계를 유지하라

스마트폰이 일상화되면서 많은 가정이 불화를 겪고 있다. 아이가 스마트폰을 비롯한 전자기기를 스스로 통제하고 조절하기란 매우 어렵다. 따라서 가정마다 일일 기기 사용 시간에 대한 규칙을 정하여 사용할 수 있도록 일정한 약속과 규율을 정하는 일이 필요해졌다. 규칙을 정해놓으면 부모가 일일이 잔소리하거나 개입하지 않고도 효과적으로 온라인 생활을 감독할 수 있다.

먼저 아이의 스마트폰 구입 시기는 가능하면 늦출 것을 권하고 싶다. 스마트폰이 개입되는 순간 아이와의 관계가 힘들어지는 것이 명백하므로 가능하다면 초등 고학년 이후로 제공 시기를 늦추는 것이 바람직하다.

스마트폰으로 인해 아이와 부모의 관계가 좋아질 때는 이 기기를 아이에게 처음 사줄 때뿐이라고 봐도 과언이 아니다. 아이가 스마트폰을 손에서 놓지 않는 모습에 부모가 잔소리를 하며 개입하기 시작한다면 아이와의 관계는 삐딱선을 타게 된다. 아이가 스마트폰을 적절히 조절하면서 잘 사용할 수 있을 때 사줘도 늦지 않다. 나는 그 시기가 적어도 5학년은 되어야 하지 않나 생각하지만, 가정마다 또 부모마다 각자 생각의 차이가 있을 테니 아이와 서로 상의해서 결정하면 좋을 것이다.

그러나 어느 시기에 사주든 부모와 아이가 사용 규칙을 같이 정하고 이에 따라 사용할 것을 약속해두는 일은 필요하다. 하루 사용 시간, 잠자리에 들기 두 시간 전에는 쓰지 말기, 화장실에 갈 때는 가지고 가지 않기 등 부모와 아이가 서로 협의해서 규칙을 만들고 만약 규칙을 어겼을 때 '패널티'를 적용한다면 스마트폰으로 부모와 아이의 관계가 멀어질 가능성을 낮출 수 있다. 그리고 이 방법은 부모가 확실하게 주도권을 가지고 사용을 제한할 수 있는 최소한의 장치가 되어준다.

단 부모와 아이가 규칙을 정했다면, 이 규칙을 가정 내 모든 이가 따라야 한다. 부모 자신은 조절하지 않으면서 아이에게만 규칙과 제한을 강요한다면 아이는 불만만 커질 뿐 쉽게 납득하지 못할 것이므로 부모도 이 규칙을 준수한다는 약속이 필요하다. 단 부모들은 부득이한 경우가 있을 수 있으므로 이에 대해서는 사전에 아이와 협의해둔다.

부모의 잦은 제한과 잔소리는 아이와의 관계만 악화시킬 뿐이다. 부모가 먼저 아이와 같이 행동하고 앞장서서 본보기를 보인다면 아이는 크게 저항하지 않고 가정 내 규칙을 지킬 것이다.

"엄마도 그랬어. 그럴 때는 말이야"

부모는 아이에게 자신의 경험담을 자주 들려주는 게 좋다. 아이가 고민을 털어놓거나 힘든 일이 있다고 고백해올 때 나는 이렇게 말해주곤 했다.

"엄마도 그랬어. 그럴 때 엄마는 이런 방법으로 해결하려 했어."

이런 엄마의 고백은 아이에게 공감을 불러일으킬 뿐 아니라 엄마가 겪은 경험담이기에 아이에게 훨씬 큰 울림을 줄 수 있다. 혼자서 해결하기 어려운 문제를 마음속에 품고 힘들어할 때 엄마도 마찬가지 어려움을 겪었다는 고백과 엄마가 그 문제를 해결해낸 방법은 아이에게 작지만 알찬 용기로 돌아올 수 있다.

아이들은 부모가 아이를 통제하며 잦은 개입을 할 때는 부모와 소통하는 것을 힘들어하고 불편해하지만, 부모 또한 같은 경험을 했다는 고백에는 마음을 열어준다. 엄마의 말이 잔소리가 아니라 진심이 담긴 경험담이라고 생각한다.

'아~ 나만 이런 건 아니구나. 우리 엄마도 그랬구나. 엄마가 괜찮다고 했으니 나도 괜찮을 거야.'

아이가 이렇게 마음을 먹는다면 그것으로 소통의 문은 활짝 열리고 아이의 자기조절력과 공감력은 확장된다.

6장

10대 아이도
사회성 훈련이
필요하다

아이와 소통이
잘되고 있었다는 착각

아이는 처음부터 부모와 소통하지 못했다

겉에서 볼 때는 아무런 문제 없이 자란 아이들 같은데 10대에 들어서 부모와 문제를 일으키는 경우가 있다. 부모와 애착 형성이 제대로 되지 않은 채 고학년이나 중학생이 된 아이가 뒤늦게 부모에게 반항하며 관계가 틀어지는 경우다. 이때서야 부모는 아이와 애착 관계가 제대로 형성되지 않았다는 것을 깨닫지만 이미 굳어진 관계를 돌이키기에는 너무 멀리 왔다.

이런 일은 주로 아이가 사춘기에 접어들기 전까지는 부모에게 맞춰주고 있어 부모가 이런 사실을 모르고 지나가면서 벌어진다. 아이는 처음부터 부모와 소통하지 못했지만 부모는 소통했다고 착각한 것이다. 관계의 내면은 전혀 달랐기에 아이의 마음은 녹슬고 곪은 채로 자랐다. 그리고 이것이 부모와 아이 사이에 큰 걸림돌이 된다.

부모는 뒤늦게 아이의 상태를 깨닫고는 '다시 애착 관계를 쌓을 수 있을까?'라는 의문을 가진다. 10대 아이들은 머리가 다 컸다고 생각하기에 어렸을 때 정립하지 못한 애착 관계를 사춘기 때 형성하는 것이 불가능하다고 생각하기 때문이다.

그러나 미리부터 걱정할 필요는 없다. 애착 관계가 부족한 것을 부모가 알게 되었다면 다시 잘 쌓아가면 되는 것이다. 부모와 아이의 애착 관계가 제대로 형성되지 않았다면 나이에 상관없이 지금 아이에게 부족한 애착 그릇을 채우고 지나가야 한다.

달라진 아이, 내 반성이 먼저다

위의 사례처럼 부모와 애착이 제대로 형성되지 않은 상태로 성장하면 사춘기 때 그 모습이 확연히 드러난다. 애착이 형성되지 않은 채로 10대에 접어들면 벌어질 수 있는 일은 뚜렷하다. 어렸을 때는 말을 잘 듣고 수용했던 아이가 말을 안 듣고 제멋대로 엇나가는 것이다. 이럴 경우 어린 시절에 아이가 부모의 뜻을 자연스럽게 수용했다고 볼 수 없다. 어쩌면 아이는 부모의 말을 수용해야 다음번에 자신이 원하는 것을 얻을 수 있었기에 겉으로만 부모의 말을 듣는 척했을 가능성이 크다.

부모는 말을 잘 듣던 아이가 갑자기 사춘기가 되니 변했다고 착각하고는 아이의 변화를 사춘기 탓으로 돌리지만 이것은 아이의 변화가 아니다. 그동안 부모와 제대로 소통을 한 적이 없었다는 방증일 뿐이다.

그렇기 때문에 이 시기에 아이는 부모보다 친구를 더 택할 수 있다. 하지만 아이의 외로운 마음은 채워지지 않는다. 근본적인 원인은 부모와 올바로 맺지 못한 관계에서 비롯된 것이기 때문이다.

만약에 평소에는 소통이 잘되었던 아이가 사춘기에 접어들어 예전보다 소통의 시간이 짧아지고 방법이 달라졌다면 이는 자아존중감이 커졌기 때문일 가능성이 높다. 방법은 달라질지언정 부모와 아이의 원만한 관계에는 변함이 없을 것이다.

그러나 아이가 완전히 돌변하여 소통이 전혀 안 되는 모습을 보여준다면 앞서 말한 것처럼 아이의 마음에 그동안 부정적인 감정들이 쌓였다가 아이의 정체성이 형성되면서 하나씩 모습을 드러내는 것임을 인정해야 한다.

따라서 사춘기에 내 아이가 전혀 다른 아이, 내가 알던 아이가 맞나 싶을 정도로 역변한 모습을 보인다면 아이를 다그치기 전에 '아, 내가 아이와 관계를 제대로 형성하지 못했구나'라고 반성해야 한다. 명심하자, 반성이 먼저다.

놓쳤던 마음을 되돌리려면 그 무게를 견뎌라

부모와 관계가 틀어져서 애착 관계가 제대로 형성되지 않은 채 고학년이 되었다면 부모는 아이의 마음이 풀릴 때까지 그 무게를 견뎌야 한다. 아이가 생각하는 부모의 상은 권위적인 모습일 수 있다. 그래서 아이는 부모와 소통이 더 쉽지 않았을 것이다.

갑자기 부모가 자신의 행동을 반성하며 아이에게 마음을 열고 다가가기를 택했더라도 아이는 달라진 부모의 행동과 말에 쉽게 수긍하기 어렵다. 이때는 진짜 마음의 문을 열 때까지 부모가 참고 기다려야 한다. 아이를 존중하지 않거나 강압적으로 학습을 요구하는 등 반드시 화를 내고 명령하는 부모의 모습만 나쁜 것이 아니다. 웃는 얼굴로 아이의 마음을 받아주는 척하면서 원하는 쪽으로 살살 아이를 유도하는 행동도 똑같이 나쁘다.

오히려 아이는 이런 부모의 모습을 보면서 부담감을 느껴 제대로 속마음을 말하기 힘들어할 수 있다. 이때 아이들은 10대든 아니든 부모에게 무조건적인 믿음과 신뢰를 나타내기 어렵다.

각자의 '골든타임'이라는 것이 있다. 부모도 자신의 행동을 반성하고 깨우쳤을 때 그때가 진짜 골든타임인 것이다. 그때는 아이의 행동을 무조건 탓하기보다 부모 자신이 아이에게 상처를 주었던 모습들을 되새기며 아이의 행동을 기다려주어야 한다. 그리고 이 기다림은 생각보다 꽤 오랜 시간이 걸릴 수 있다. 그래도 부모가 진정성 있는 모습으로 아이들을 기다려준다면 아이들은 시간이 걸리더라도 다시 부족한 부모와 애착 관계를 쌓아 나갈 것이다.

상처가 아물 때까지 부모도 이겨내라

지금까지 아이는 부모가 원한 삶을 살기 위해 버티고 버티다 곪아 터졌다. 그러니 부모는 아이에게 시간을 줘야 한다. 부모의 낯선 모습에 아이는 의아해하기도 하고 "갑자기 왜 그래?" 하며 콧방귀를 뀔지도 모른다. 하지만 진정성은 언제든 통한다. 아이가 대답을 하든 안 하든 상관없이 매일매일 일관성 있는 모습으로 기다려주자. 아이가 대답을 안 한다고 화를 내서는 안 된다. 그러면 아이에게 믿음을 주는 것이 아니라 "우리 엄마, 아빠가 그럼 그렇지"라고 불신을 증명하는 꼴밖에 안 된다.

시간이 걸리더라도 아이가 진심을 알아줄 때까지 참고 기다리자. 지금 아이가 보여주는 모습은 어린 시절 애착이 형성되지 않아 불신으로 살았던 아이가 힘들어하고 괴로워하며 보냈던 시간에 대한 투정이라고 생각하자. 아이들 마음의 문은 쉽게 열리지 않지만 언젠가는 분명 열릴 것이다. 지금이라도 늦지 않았다. 아이에게 제대로 부모의 믿음과 신뢰를 보여주자.

세상에서 아이에게 믿음을 제대로 심어줄 수 있는 사람은 다른 사람이 아닌 바로 부모임을 명심해야 한다.

10대 아이도 부모의 마음을 확인하고 싶어 한다

부모가 아이와의 관계를 제대로 형성하지 않았음을 인정하고 아이를 위해 참고 기다리면서 노력하는데 아이가 단단히 마음의 빗장을 걸어 잠그고 부모를 계속 떠밀 경우, 부모는 때때로 혼란에 빠질 수 있다. 그러면서 한편으로는 아이의 태도에 큰 의문이 든다.

'다 받아주니까 점점 더 버릇이 나빠지는 것 같아요.'

'이렇게까지 해야 하는 걸까요?'

이런 질문을 해오는 부모들은 이 시점에서 다시 한번 결심을 단단히 해야 한다. 아이는 지금 버릇이 나빠지는 것이 아니다. 아이가 하는 반항은 부모의 마음을 확인하고자 함이다. 갑자기 달라진 부모의 태도를 보면서 아이는 부모의 진심을 확인하고 또 확인하려는 것이다. 그래서 평소보다 더 버릇없게 굴거나 부모를 더 힘들게 할 수 있다.

'또 잠깐 저러다 말겠지', '엄마, 아빠가 언제까지 나를 참아줄까?', '오늘은 이렇게 말했다가 며칠 지나면 또 다른 말 하는 거 아니야?' 등등 아이 마음속은 의심과 불신 그리고 작은 기대와 안도로 혼란스럽기만 하다.

하지만 아이의 속마음이 어떻든 부모가 변함 없이 일관적으로 대하는 태도만 보여준다면 아이들은 달라진다. 천천히 마음을 열고 부모에게 다가올 것이다. 다 커버린 아이와 다시 애착을 형성하려면 이런 테스트 과정을 거쳐야 한다. 아이가 부모를 충분히 검증할 때까지 힘들더라도 이 터널을 지나야 한다. 한번 무너진 애착을 쌓아 올리려면, 아니 애초부터 쌓아 올린 적이 없었던 애착을 뒤늦게 쌓으려면 아이가 부모의 마음을 받아줄 때까지 기다리는 수밖에 없다. 믿음과 신뢰로 쌓아 올린 애착 형성은 그렇게 쉽게 이루어지는 것이 아니기 때문이다.

이 마음이 아이에게 제대로 형성되지 않고서는 아이가 관계의 지도를 확장해가는 힘을 기르기 어렵다. 신뢰, 믿음, 애착은 관계에서 가장 기본이 되는 마음이기 때문이다. 10대 아동에게도 우선 제일 중요한 것은 제대로 된 부모와의 애착 형성이다.

갈등은 아이가
직접 풀게 해야 한다

부모의 개입은 '필패'다

사회성이 없는 아이는 모든 면에서 삐걱거린다. 특히 친구 관계가 중요해지는 10대가 되면 사회성 부족의 부작용은 여기저기서 불거진다. 그렇다고 이때 부모가 섣부르게 개입하면 아이와 부모의 관계는 물론이고 아이의 친구 관계도 망칠 수 있다. 부모의 개입은 친구 관계든 아이의 학업이든 아이의 학교 활동이든 무조건 필패다.

부모가 아이 대신에 친구 관계를 만들어줄 수 없다. 부모의 이 같은 개입은 아이와 친구 관계를 풀 수 있도록 도와주는 것이 아니라 아이에게 더 큰 부담을 안겨주는 일이 될 뿐이다.

한 예로 아이가 속한 '단톡방'을 부모가 일일이 확인하며 아이들의 대화를 읽고 학교생활에 개입하는 부모가 있다. 이는 아이를 부모가 고립시키는 꼴이다. '단톡방'은 아이들만의 소통의 공간이자 아이의 '사적인' 공간이다. 부모가 아이의 허락 없이 수시로 그 공간에 침범하여 아이의 일거수일투족을 감시한다면 아이는 어떻게 될까?

"너는 왜 이럴 때 아무 말도 못해?", "보기와 다르게 얘는 욕을 잘하네" 하며 아이와 아이의 친구들을 품평하는 데까지 이른다면 그날로 아이와의 관계는 단절을 각오해야 한다. 덧붙여서 부모가 개입해서 평가한 말을 되새기며 '나는 정말 아무 말도 못하는 바보인가?', '우리 엄마도 그렇게 생각하네'라며 점점 자존감이 낮아지고 주눅이 들게 된다.

부모의 체크는 불필요하다. 참견해서 훈계를 늘어놓는 일 역시 아이를 망치고 관계를 해치는 행위다. 아이의 사적인 영역까지 침범해서 확인하는 부모에게 아이가 믿음과 신뢰를 느끼기는 어렵다. 아이는 점점 부모에게 거리감을 느끼게 되고 엄마가 나서서 모든 일을 해결하려는 모습을 보면서 쉽게 마음속 이야기를 꺼내지 못하게 된다. 자신이 이 얘기를 했을 때 엄마가 더 당황하며 일을 크게 벌일 것이 눈앞에 그려지기 때문이다.

아이들을 볼 때는 한 가지 모습만 보고 평가하면 안 된다. 어떤 아이도 미리 '저래서 저럴 거야'라고 짐작하고 속단하면 안 된다. 어떤 부모들은 어떤 아이가 공부를 잘하거나 학습 능력이 뛰어나다고 생각하면 일부러 그 아이와 더 친하게 지내도록 아이를 부추기기도 한다. 하지만 부모의 생각은 틀렸다. 어떤 아이든 엄마의 잣대로 아이를 평가하면 안 되는 이유다. 내 아이가 어떤 아이와 놀고 어떤 아이와 안 놀아야 하는지를 엄마가 경계 지어서는 안 된다.

아이가 자신에게 닥친 문제를 잘 풀 수 있도록 부모가 방법을 제시해줄 수는 있다. 하지만 어떤 이유에도 부모가 직접 '개입'하여 직접 문제를 풀려고 하면 안 된다. 아이에게 심각한 학교폭력이라든지 왕따 사건같이 부모의 도움이 필요한 사건이 아닌 한 아이를 믿고 직접 자기 문제를 해결하도록 지켜보고 기다려주어야 한다. 아이들은 갈등을 겪으면서 관계를 배운다. 친구 관계가 삐걱거려도, 학교생활이 조금 힘들어도 아이가 이를 잘 이겨낼 수 있는 힘을 키우도록 곁을 지키는 일이 양육자가 할 일이다. 이런 갈등 극복 경험은 아이가 더 넓은 관계를 형성해나가는 데 좋은 밑거름이 될 수 있다.

아이는 계속해서 성장할 수 있고 성장하고 있다

부모는 아이가 또래들과 함께 어울리지 못할 경우 안타까운 마음이 들 수 있다. 하지만 부모 마음이 안타깝다고 부모가 대신 해결해줄 수는 없는 일이다. 부모는 아이가 상처받은 마음을 가

늦할 수 있기에 아이가 더는 아프지 않도록, 당시의 기억을 아픔으로 남겨두지 않도록 행복한 회로를 작동할 수 있도록 도와주는 일에 집중해야 한다.

나의 경우에는 큰아이가 친구 문제로 힘들어했을 때 아이의 마음이 다치지 않도록 배려하는 일에 집중했다. 나 또한 비슷한 일을 겪었던 적이 있기에 내 마음도 아이 마음도 단단하게 하는 게 우선이었다.

먼저 나 자신을 생각해보았다. 그러고는 어린 시절의 나에게 꼭 말해주고 싶었던 것을 떠올렸다. 당시 상처받던 내가 들으면 좋았을 말을 떠올리고는 그 말을 큰아이에게 해주었다.

"친한 친구는 꼭 지금 없어도 괜찮아", "친구는 학교에서도 만날 수 있고 학원에서도 만날 수 있어. 꼭 어디에서 만나야 한다는 게 정해져 있지 않아", "엄마도 진짜 친구를 만나는 데 시간이 정말 오래 걸렸어", "일부러 친구들 사이에 끼고 싶어서 괜히 마음 아프게 상처받지 말고 쉬는 시간에는 네가 제일 행복하고 즐거운 활동을 하며 보내는 것도 좋아".

아이가 또래와 편하게 어울리는 데 어려움이 있어 엄마로서도 마음이 아팠지만 이는 내가 어린 나를 돌아보면서 할 수 있는 최선의 방법이었다. 나는 이어서 큰아이에게 "너와 함께 하고 싶어 하는 친구가 있다면 언제든지 반가운 마음으로 즐겁게 지냈으면 좋겠어"라고 말해주었다. 아이가 이 일로 인해 마음의 문이

닫히지 않길 바라는 마음에서 한 말이었다.

아이의 친구 관계는 부모가 대신 풀어줄 수 있는 숙제가 아니다. 그 문제는 오롯이 아이 자신이 풀어나가야 한다. 시간이 걸릴 수도 있지만, 아이에게 그 시간을 긍정적으로 버틸 수 있는 대안을 제시해준다면 아이도 부모에게 용기를 얻고 이겨낼 수 있는 힘을 기를 수 있을 것이다.

아이의 사회성은 늘 자라고 있다. 부모와의 관계가 제대로 형성되어 나를 믿어주는 '단 한 사람'만 있어도 아이는 이 힘든 상황을 이겨낼 수 있다. 지금 당장 내 아이가 또래와 제대로 어울리지 못하는 모습을 보인다고 너무 마음 아파하지 말자. 부모와 제대로 관계를 형성한 아이라면 시간이 걸릴 뿐이지 이 시기를 잘 이겨낼 수 있을 것이다.

반려동물도 아이와 진정한 친구가 될 수 있다

반려동물은 외로움을 느끼는 아이에게 큰 도움이 될 수 있는 방책이다. 당장 같이 놀 친구가 없어서 외로움을 느낀다면 아이가 좋아하는 동물을 집에서 키우도록 해보자. 특히 외동일 경우에는 집에서 사회성을 키울 수 있는 방법이 부족할 수도 있다. 이때 자신이 보살피고 돌보아줄 반려동물이 있다면 아이의 책임감을 기르는 데에도 도움이 된다. 더불어 아이가 외로워하고 불안해할 때 대신 부모가 아파해줄 수는 없지만 그런 아이에게 감정을 공감해주고 힘을 줄 수 있는 친구를 만들어주는 효과도 얻을 수 있다.

아이는 반려동물을 키우며 애정을 느끼고 반려동물에게 밥을 주고 산책을 시키면서 책임감과 연대감을 가질 수 있다. 아이가 반려동물과 애정을 쌓으면서 정신적으로 지지를 받는 것도 아이의 정서 발달에 도움이 된다. 부모와는 쉽게 할 수 없는 가슴속 말들을 아이는 반려동물에게 털어놓으며 마음의 짐을 덜어내기도 한다.

반려동물도 가족이 될 수 있는 시대다. 아이가 외로워한다고 쉽게 동생을 낳아줄 수 없지만 친구를 만들어줄 기회는 충분하다. 반려동물을 키우기로 결정했다면 부모는 아이에게 신경 써야 할 부분을 차례로 알려주어야 한다. 한 생명을 키우고 책임지는 것이기에 너무 쉽게 결정해서는 안 된다.

용돈을 모아 반려동물에게 간식을 사다주고 규칙적으로 산책시키고 목욕을 시키는 일, 아플 때 보살피고 병원에 데리고 가는 일 등을 책임지고 한다는 약속을 하고 이를 지켜야 한다. 다른 존재를 위해 양보하고 배려하고 희생하는 마음을 배우는 것은 덤이다. 마음대로 키우다가 포기할 때 아무렇게나 포기해서는 안 된다는 사실도 명심시켜야 한다.

10대의
사회성 솔루션

주제에 맞는 상호 존중 대화법을 알려주자

간혹 고학년이 되었는데도 나이에 맞지 않는 말을 하거나 상황에 맞지 않는 말을 하는 아이들을 종종 본다. 어른들이 다 있는 모임 자리에서 혼자 큰소리로 떠들며 게임을 한다든지, 친구들이 다 모인 자리에서 과도하게 투덜대는 것 등이 이런 경우다.

아이가 이런 행동을 하는 경우, 양육자는 아이에게 상황에 맞고 적절하게 소통할 수 있는 대화법을 알려주어야 한다. 이를 위해서는 평소에 훈련이 필요한데, 이는 한 가지 주제를 정해 대화하는 방식을 활용하면 도움을 받을 수 있다. 또한 아이가 자리에 맞는 대화를 하면서 다른 사람들과 제대로 소통할 수 있는 방식을 차분히 알려줘야 한다. 자리에 맞지 않는 대화를 한다면 다른 아이들은 내 아이의 이야기를 지루하게 느낄 수 있다. 아이 혼자만 즐거워하면서 계속 이어나간다면 이것은 사람들과 제대로 소통하는 것이 아니다.

예를 들어 아이들끼리 어울려 자신이 좋아하는 아이돌 그룹 이야기를 하는 중이다. 그런데 한 아이가 자신이 좋아하는 그룹 이야기만 길게 늘어놓는다. 아이들은 각자 좋아하는 아이돌 가수가 다 다를 수 있다. 그런데 이 아이는 자신이 좋아하는 아이돌만 최고라고 주장하고 다른 친구가 좋아하는 그룹에 대해서는 무시하거나 무신경한 태도를 보인다. 당연히 다른 아이들은 이 아이가 혼자 떠드는 이야기를 지루해하고 불편해한다.

만약 내 아이가 이런 대화의 방식을 쓰고 있다면 부모는 아이에게 사람들마다 다 좋아하는 것이 다르므로, 자기 것만 좋다고 내세우면 안 된다는 것을 분명히 알려주어야 한다. '내 취향이 존중받아야 좋듯이 다른 사람들의 취향도 존중해주어야 함'을 가르치고 다시는 이런 일방적인 대화를 하지 않도록 알려주어야 한다. 또 혼자 이야기 시간을 독차지해서는 안 된다는 사실도 지적해주어야 한다.

사소한 말과 행동이라도 다른 사람을 불편하게 할 수 있다. 다른 사람의 표정을 살피지도 않고 자기 말만 늘어놓거나 자기 기분만 내세우는 것은 자기중심적인 태도다. 그리고 사람들은 자기 말만 하는 사람, 분위기를 안 좋게 만드는 사람과는 이야기

나누기를 꺼린다.

사소한 한마디 말과 태도가 아이를 난관에 빠뜨릴 수 있다. 나와 생각이 다르다고 틀린 것도 아니고 올바르지 않은 것도 아니다. 적절한 대화와 상대를 존중하는 법, 다른 사람의 생각을 인정하고 받아들이는 자세는 대화의 요령일 뿐 아니라 사회성의 요령도 된다는 사실을 분명히 해주자.

경기는 경기일 뿐이다

아이들 가운데는 팀 대항 시합을 할 때 적절한 선을 지키지 못하고 실수를 범하는 경우가 있다. 스포츠 정신과 페어플레이 정신을 망각하는 이러한 태도는 다른 편 친구들은 물론이고 같은 편 친구들에게도 눈살을 찌푸리게 할 수 있으므로 아이에게 반드시 가르치고 교정해주어야 할 행동이다.

간혹 몸이 약하거나 운동신경이 부족한 친구들은 아이들끼리 벌이는 시합에 잘 참여하지 못할 때가 많다. 이때는 경기에 참석하지는 못하더라도 함께할 수 있는 역할을 마련해주는 배려심을 가르쳐주어야 한다. 운동을 못하는 아이라고 서로 자기편에 들이기 싫어한다면 따끔하게 말해주고, 지금 하는 경기의 목적을 분명히 알게 해주는 것도 좋다. 서투른 친구들도 같이 즐기고 어울리는 것이 함께하는 경기의 참맛임을 알려주어야 한다.

지나친 승부욕으로 선을 넘는 아이가 있다면 그 아이가 내 아이가 아니더라도 어른이 나서서 아이의 행동을 지적해주고 경기의 룰을 지키자고 해야 한다. 그리고 스포츠 경기는 친구들과 함께 어울리며 협동심을 쌓는 일이지 승리를 위해서 물불 안 가리는 경쟁이 아님을 말해주자.

그래도 경기는 승패가 있는 법. 이기기 위해 최선을 다하되 실수한 동료를 욕하지 말고 이기기 위해 전력을 다하는 일의 중요성도 강조해준다. 경기에 이겼다면 기뻐하되 상대팀을 배려하고, 졌다면 상대팀에게 칭찬의 말을 해줄 수 있는 스포츠 정신을 알려주어야 한다.

"이겨서 축하해", "다음에는 더 열심히 해서 우리 팀도 이길 수 있도록 노력해야지"라고 아이가 승패와 관계없이 말한다면 그 경기는 멋진 기억으로 오랫동안 남을 것이다.

아이가 경쟁에서 졌을 때 진심으로 패배를 인정하고 상대방에게 축하의 말을 건네는 것은 실패를 인정하고 다시 일어설 수 있는 마음을 갖게 하는 원동력이 된다.

제대로 거절하는 방법

아이에게는 부모 또는 타인과 관계를 맺을 때 거절을 제대로 표현하는 방법도 알려줘야 한다. 이를 위해 또래뿐 아니라 부모에게도 거절할 수 있는 용기를 길러줘야 한다. 아이가 싫다고 거절하면 이것을 말대답이라고 생각하는 어른이 많이 있다. 하지만 아이가 부모에게도 거절할 수 있는 용기를 기를 때 기초적인 거절의 마음을 확립했다고 말할 수 있다.

부모가 무서워 부모에게는 말하지 못한다? 이것은 제대로 아이에게 거절의 소통 방법을 알려준 것이 아니다. 어떤 부모는 아이가 자기 말이라면 무조건 잘 듣는다며 칭찬을 하는 경우가 있다. 아이가 자신의 생각 없이 무조건적으로 부모의 말을 따르기만 한다면 과연 좋은 일일까? 이것은 아이가 다른 사람에게도 자신의 의사를 제대로 표현하지 못함을 나타내는 증거다. 아마 그 아이는 부모에게뿐 아니라 친구들에게도 무조건적으로 따르기만 하는 아이가 될 가능성이 크다.

'친구 따라 강남 간다'는 말이 있다. 이 말을 바꿔 생각해본다면 그렇게 친구 따라 강남 가게 한 것은 부모의 잘못이다. 부모에게 거절 의사를 제대로 하지 못하고 큰 터라 다른 사람에게도 거절하지 못하게 된 것이기 때문이다.

아이가 거절 의사를 표현했다면 부모는 적합한 이유를 들어보고 판단해서 결정해주어야 한다. 아이의 말을 제대로 들어보지도 않고 아이가 거절을 표현한 것에만 초점을 맞추어서는 절대 안 된다. 아이가 거절의 의사를 표했을 때는 버릇이 없다거나 반항심이 많다고 생각하지 말고 '아이와 내 관계는 잘 지속되고 있구나'라고 생각하면 된다.

부모와 관계가 제대로 형성된 아이가 아니라면 부모에게 자신의 뜻을 제대로 표현하지 못할 것이다. 부모가 받아들여줄 리 만무하다 생각해 속마음을 부모에게 숨기고 굳이 표현하려 하지 않을 것이기 때문이다. 따라서 부모는 아이의 거절을 기쁘게 받아들이고, 다만 아이가 거절할 때는 그 방식이 정중하고 적절한지만을 알려주면 된다.

어른에게는 "죄송하지만, 못할 것 같아요"라고 표현하고 또래에게는 "미안해, 그렇게 못할 것 같아"라고 표현하면 좋다. 이렇게 자신의 감정에 따라 제대로 거절할 줄 아는 아이로 자란다면 자기 의도에 맞는 의사를 제대로 전달하면서도 상대방을 불편하게 하지 않는 아이로 성장할 것이다. 아이들은 크면서 여러 번 바뀐다. 그러나 부모와 애착을 형성하고, 제대로 된 훈육을 받으며, 사회성을 적절히 키우고 자기조절력을 배운다면 중간에 조금씩 멈추거나 흔들리더라도 충분히 건강하게 자신의 길을 찾아 제자리로 돌아올 수 있다.

나만의 속도로
천천히 배우면 돼

길다면 길고 짧다면 짧은 책 집필을 끝내고, 다시 현장에서 언어재활사로서 아이들과 부모님을 만나고 있다. 내가 바라고 목표한 전문가가 되기 위해 공부해오면서 내가 가장 중요하게 염두에 두고 있는 것은 나만의 철학을 가지는 일이다. 이를 위해 나는 오늘도 천천히 쉬지 않고 나만의 속도로 나아가고자 한다.

삶의 속도는 각자 다르다고 생각한다. 모두들 다 자신만의 속도로 나가는 것이 중요할 것이다. 천천히 멈추지 않고 나간다면, 내 삶의 속도와 목표를 이루리라 생각한다. 살면서 점점 부모의 영향력이 얼마나 큰 산인지 직접 경험하고 배우며 알아가고 있다. 제대로 배우고 익혀 전문적인 부모 전문가로서 나만의 길을 만들고 싶다.

지난 2020년은 코로나19가 우리 사회를 잠식했다고 해도 과언이 아닌 시절이었다. 이로 인해 잠들어버린 아이들의 사회성을 되찾기 위해서 2021년은 모두에게 힘든 시기가 될 것이기에, 모든 양육자와 아이들을 마음 깊이 응원한다. 양육자의 긍정적인 힘은 분명 아이들을 긍정적인 삶의 방향으로 이끌어주는 견고하고 유일한 끈이다. 잠시 다른 길을 돌고 돌아올 수 있지만 결국은 잘 도착하게 하는 것도 다 이 힘 덕분이다.

베네피트를 세계적인 화장품회사로 키워낸 창업자 겸 CEO 진 포드는 이렇게 말했다.

"나는 절대로 'No'라고 얘기하지 않는다. 'No' 뒤에 'W' 하나만 더 붙이면 'Now'가 된다. 어떤 일이 주어졌을 때 'No'라고 말하는 대신 'Now'라고 말하고 행한다면 언젠가 반드시 그 성과를 거둘 수 있다."

지금 이 순간이 우리에겐 가장 소중한 선물이다. 후회하고 탓하기 전에 지금 바로 시작하면 된다. 각자 자기 자신에게 또 우리 아이들에게 이렇게 말해주자.

"괜찮아, 괜찮아, 괜찮아. 천천히 멈추지 않고 각자의 속도로 나아가면 돼."

📑 참고 문헌

- 김수연, 《0세부터 시작하는 감정조절 훈육법》, 물주는아이, 2018.
- 공창형대화학습연구소, 서수지 옮김, 다다 다카시·이시다 요시히로 감수, 《사회성 좋은 아이, 대화 잘하는 법》, 뜨인돌어린이, 2020.
- 곽금주, 《발달심리학》, 학지사, 2018.
- 곽영승·유운상, 《독이 되는 부모 약이 되는 부모》, 생각을 나누는 나무, 2020.
- 신지연, 〈2세 영아의 어머니와 보육교사에 대한 복합 애착과 사회·정서적 행동〉, 서울여자대학교 아동학과 박사학위논문, 2004.
- 신후남·황하정·배현주, 《언어장애 아동을 위한 감정표현 지도 프로그램》, 시그마프레스, 2013.
- 이시형, 《부모라면 자기조절력부터》, 지식플러스, 2016.
- 이영민, 《부모가 함께 자라는 아이의 사회성 수업》, 팜파스, 2018.
- 이영애, 《아이의 사회성》, 지식플러스, 2018.
- 이영애, 〈이영애의 우리 아이 마음 읽기〉, EBS 유아학교, 2017.
- 이임숙, 《따뜻하고 단단한 훈육》, 카시오페아, 2017.
- 이보연, 《0~5세 애착 육아의 기적》, 위즈덤하우스, 2016.
- 이보연, 《0~5세 뇌가 쑥쑥 자라는 놀이 육아》, 위즈덤하우스, 2020.
- 이화자, 《사회성이 모든 것이다》, 쌤앤파커스, 2017.
- 임미정, 《아가야 응가하자!》, 학지사, 2020.
- 임영주, 《아이의 사회성 부모의 말이 결정한다》, 노란우산, 2019.
- 일레인 와이츠먼, 박혜원 옮김, 《말이 늦은 아이를 위한 부모 가이드》, 수오서재, 2020.
- 윌리엄 시어스·마사 시어스·엘리자베스 팬틀리, 노혜숙 옮김, 《자존감 높은 아이로 키우는 애착육아》, 푸른육아, 2020.
- 정윤경, 《내 아이를 망치는 위험한 칭찬》, 담소, 2011.

- 지승재, 《자기조절력이 내 아이의 미래를 결정한다》, 위닝북스, 2018.
- 진연선·김다윤·김종경·주은영·송엽, 《우리 아이와 함께 나누어요》, 학지사, 2018.
- 찰리 쿤지, 신선미 옮김, 《엄마가 다스리는 아이의 스트레스》, 숨비소리, 2005.
- 한덕현, 《불안한 것이 당연합니다》, 한빛비즈, 2020.
- 호아킴 데 포사다·엘렌 싱어, 공경희 옮김, 《마시멜로 이야기》, 21세기북스, 2012.
- Gerald Mahoney·James D·MacDonald, 김정미 옮김, 《반응성 교수 교육과정》, 학지사, 2008.
- Julia Moor, 금천아이존 옮김, 《자폐 아동과 함께 놀이하며 배우기》, 시그마프레스, 2013.
- Patricia Howlin·Simon Baron-Cohen·Julie Hadwin, 김혜리, 유경 옮김, 《자폐 아동도 마음읽기를 배울 수 있다》, 시그마프레스, 2001.
- 主婦の友社 엮음, 박재국·김혜리·정희정 옮김, 《발달장애 아동의 마음 읽기》, 시그마프레스, 2014.

북큐레이션 • 내 아이를 사랑으로 키우고 싶은 부모들을 위한 책.

《엄마의 소통력 공부》와 함께 읽으면 좋은 책. 부모가 이해와 공감으로 아이에게 사랑을 줄 때 가장 건강한 가정을 만들 수 있습니다.

건강한 화를 낼 수 있는 훈련법 수록

화 잘 내는 좋은 엄마

장성욱 지음 | 14,500원

**이제 제대로 화내고 건강하게 풀자!
아이에게 불같이 화내는 엄마들을 위한 '분노 조절 지침서'**

아이들에겐 죄가 없다. 아이들의 뇌는 아직 발달 중이고, 몸과 마음 모두 자라나느라 벅차 실수와 잘못을 연발할 수밖에 때문이다. 이때 부모가 할 일이란 아이의 실수에 괜찮다고 격려하며 응원해주는 일이다. 이 책은 언제, 어떻게, 어떤 방식으로 아이에게 엄마의 화를 전달할지를 조목조목 알려주며, 부모의 마음도 더불어 살펴볼 수 있도록 돕는다. 아이에게 버럭 소리를 지르고는 죄책감에 시달리는 부모, 어떤 특정한 상황에 유난히 화나는 부모, 자녀에게 제대로 화 한번 못 내는 부모 모두에게 필요한 지침서가 될 것이다.

육아비적성 족장의 생생한 육아 탐험기

육아비적성

한선유 지음 | 13,800원

**육아 DNA가 실종된 곰손 엄마의
좌충우돌 육아 비적성 고백기**

17년차 베테랑 초등교사가 임산과 출산, 육아를 거치며 자신이 이 일에 적성이 아님을, 완전한 아마추어이자 앞으로도 프로페셔널이 될 일은 없을 것임을 실감하는 처절한 체험기이자 육아 비적성인 세상의 많은 엄마들에게 음지에서 자책감에 떨지 말고 양지로 나와 당당히 육아 비적성을 외치자고 독려하는 응원의 메시지다. 육아가 비적성인 사람들이여, 못한다고 자책 말자. 못하는 게 아니라 적성에 안 맞는 것뿐이니. 엄마가 힘들면 아빠가 하면 되고, 그것도 힘들면 원장님이 하면 된다. 무엇을 선택하든 옳은 선택이다.

상황에 맞는 대처 방법 7가지 수록

세상 쉬운 우리 아이 성교육

이석원 지음 | 13,800원

**아이의 거침없는 질문에 난감한 부모들을 위한
난생처음 내 아이 성교육하는 법!**

5,000회 이상 20만 명에게 성교육을 강의한 차세대 성교육 멘토인 저자가 엄마인 여자는 절대 모르는 아들 성교육하는 법을, 남자인 아빠는 절대 상상할 수 없는 딸 성교육하는 법을 하나부터 열까지 친절하게 설명한다. 아들의 몽정과 자위를 엄마가 알고 딸의 생리를 아빠가 알게 된다면 저녁 식탁에서 가족들이 자연스럽게 성관계와 성평등, 아이들의 성문화까지 이야기하는 분위기를 이어갈 수 있다. 저자는 성교육의 필연성을 주장하는 데 그치지 않고 신뢰할 만한 근거와 통계를 담아 최신 트렌드를 반영한 성교육의 실전을 들려준다. 유아부터 십대까지 한 권으로 끝낼 수 있는 부모 성교육 교과서라 할 만하다.

내 아이를 현명하게 키우는 육아 지침서

세상 쉬운 첫아이 육아

조신혜 지음 | 14,500원

**첫아이를 건강하게 잘 키우고 싶은
부모가 꼭 알아야 하는 육아 안내서**

첫 아이가 생겨 걱정에 휩싸인 부모들에게 든든한 지원군이 바로 여기 있다. 《세상 쉬운 첫아이 육아》는 모유 수유는 어떻게 해야 하는지, 아기를 씻길 때는 어떤 걸 주의해야 하는지, 계속 울면서 잠들지 않는 아기는 어떻게 해야 하는지 등 첫 부모로서의 고민들을 해결해줄 수 있는 내용을 담았다. 또한 모유 수유 전문가인 저자가 다양한 모유 수유 사례에 대해 설명하면서 여러 가지 궁금증들을 해결해주고 있다. 사랑으로 키우고 싶은 첫아이, 더욱 건강하게 키우고 싶다면 이 책과 함께 첫 육아를 시작하길 바란다.